El MATRIMONIO que siempre has DESEADO

El MATRIMONIO que siempre has DESEADO

EDICIÓN REVISADA

Gary Chapman

Autor de Los 5 lenguajes del amor

EDITORIAL PORTAVOZ

La misión de *Editorial Portavoz* consiste en proporcionar productos de calidad —con integridad y excelencia—, desde una perspectiva bíblica y confiable, que animen a las personas a conocer y servir a Jesucristo.

This book was first published in the United States by Moody Publishers, 820 N. LaSalle Blvd., Chicago, IL 60610 with the title *The Marriage You've Always Wanted*, copyright © 2005, 2009, 2014, 2021 by Gary D. Chapman. Translated by permission.

Publicado originalmente en los Estados Unidos por Moody con el título *The Marriage You've Always Wanted*, copyright © 2005, 2009, 2014, 2021 por Gary D. Chapman. Traducido con permiso.

Edición en castellano: *El matrimonio que siempre has deseado* © 2006, 2022 por Editorial Portavoz, filial de Kregel Inc., Grand Rapids, Michigan 49505. Todos los derechos reservados.

Traducción: Nohra Bernal

EDITORIAL PORTAVOZ
2450 Oak Industrial Drive NE
Grand Rapids, Michigan 49505 USA
Visítenos en: www.portavoz.com

ISBN 978-0-8254-5599-5 (rústica)
ISBN 978-0-8254-6961-9 (epub)

1 2 3 4 5 edición / año 31 30 29 28 27 26 25 24 23 22

Impreso en los Estados Unidos de América
Printed in the United States of America

Dedicado a Karolyn

Contenido

Introducción

LA MAYORÍA DE LAS PAREJAS que se casan sueñan acerca de cómo será su vida después de la boda. Esos sueños van acompañados de sentimientos cálidos, optimistas y positivos. El plan es amarse y animarse mutuamente. Si tenemos hijos en el futuro, queremos que reciban el ejemplo de un matrimonio amoroso, considerado y comprensivo que les brinde un ambiente seguro. Queremos hacer al otro feliz, apoyarnos mutuamente y caminar juntos por la vida.

Para muchas parejas este sueño se hará realidad. Por desdicha, para otras estos sueños se harán añicos. Como es de suponer, existen diversos factores que afectan a cada pareja, pero todo se reduce a dos áreas: la actitud y el comportamiento. La actitud tiene que ver con nuestros patrones de pensamiento. Se habla de una actitud positiva o de una actitud negativa, de una actitud egoísta o de una actitud amorosa. Nuestra actitud afecta en gran medida nuestro comportamiento. El comportamiento son nuestras palabras y acciones hacia nuestro cónyuge. Las palabras ásperas y negativas destruyen la intimidad. Las palabras amables y amorosas edifican la relación. Los actos de amabilidad fortalecen la confianza, mientras que las acciones egoístas hieren profundamente.

La buena noticia es que nosotros elegimos nuestras actitudes y comportamientos. No elegimos nuestras emociones. Las emociones son nuestras respuestas espontáneas a lo que afrontamos en la vida. Las palabras y las acciones amables despiertan emociones positivas y afectuosas. Las palabras y las acciones ásperas suscitan emociones negativas y dolorosas. Si permitimos que nuestras emociones negativas controlen nuestro comportamiento, lo más probable es que respondamos con palabras y comportamientos hostiles, lo cual a su vez genera emociones negativas en el cónyuge. Se cae en una espiral descendente que termina destruyendo nuestros sueños de intimidad y unidad.

Este libro está diseñado para ayudarte a alcanzar tus sueños de una relación amorosa y comprensiva. En pocas palabras, ayudarte a hacer tus sueños realidad. Las parejas que logran este objetivo son las que aprenden constantemente maneras de entender y relacionarse con el otro de manera amorosa. En este libro encontrarás herramientas prácticas que te ayudarán a resolver conflictos sin pelear, a aprender a escucharse mutuamente con empatía, a expresar el amor de manera eficaz, a tomar decisiones sin destruir la unidad entre ustedes, a gozar del sexo por igual y a procesar emociones negativas de una manera positiva.

El éxito matrimonial no es automático. Está reservado para quienes están dispuestos a aprender. Por fortuna, Dios no nos ha dejado sin ayuda. Las Escrituras están llenas de sabiduría acerca de cómo tener el matrimonio que siempre desearon. Ya sea que estén recién casados o que sean veteranos en el matrimonio, pueden aprender y crecer conforme a esa sabiduría. Quisiera animarlos a ambos, marido y mujer, a que completen las reflexiones sugeridas en la sección "Manos a la obra" que se encuentra al final de cada capítulo. A medida que lean, les sugiero que mediten y comenten las ideas allí presentadas, pidiéndole a Dios que les dé entendimiento y la capacidad de establecer patrones saludables que los lleven al matrimonio que siempre han deseado.

—Dr. Gary Chapman

CAPÍTULO UNO

¿Por qué se casan las personas?

ANTES DE EMPEZAR a hablar acerca de *cómo* hacer que funcione un matrimonio, tal vez debamos detenernos a preguntarnos: "¿Cuál es el propósito del matrimonio?". ¿Qué buscamos alcanzar con el matrimonio?

Si formularas estas preguntas a una decena de amigos y parientes y les pidieras que escribieran sus respuestas en privado, ¿cuántas respuestas diferentes crees que recibirías? Estas son algunas de las respuestas que he recibido tanto de personas solteras como casadas:

- Sexo
- Compañía
- Amor
- Brindar un hogar a los hijos
- Aceptación social
- Ventaja económica
- Seguridad

Aunque todas estas son importantes, en una época en la que un segmento considerable de la población es soltero, el simple hecho de estar casado no garantiza la aceptación social. No todo el mundo elige (o es apto) para tener hijos. El sexo prematrimonial es común. El amor y la compañía sí, pero la familia y los amigos pueden ayudar a proveerla.

Entonces, ¿para qué casarse?

A fin de responder a conciencia estas preguntas, debemos mirar con los ojos de la fe, buscar la sabiduría de Dios. Además, en la Biblia observamos un cuadro muy distinto. Empezando desde Génesis, el primer libro de la Biblia que relata la historia de la creación, encontramos que la idea divina del matrimonio es la unión de un esposo y una esposa en el vínculo más profundo posible mediante el cual se crea una nueva unidad que, a la vez, satisface a los individuos involucrados y cumple los propósitos divinos de la manera más sublime.

COMPAÑÍA Y COMPROMISO

El corazón humano anhela compañía. Somos criaturas sociales. Dios mismo dijo a Adán: "No es bueno que el hombre esté solo" (Génesis 2:18). Permíteme recordarte que este análisis precedió la caída de la humanidad y que ese hombre ya gozaba de la comunión personal y afectuosa de Dios. Aún así, Dios dijo: "¡No es suficiente!".

La respuesta de Dios a la necesidad del hombre fue crear una mujer (Génesis 2:18, 24). La palabra hebrea que se emplea aquí significa literalmente "cara a cara". Es decir, Dios creó a un ser con quien el hombre pudiera tener una relación cara a cara. Esto demuestra el tipo y la profundidad de relación personal en la que ambos se juntan en una unión inquebrantable que satisface los anhelos más profundos del corazón humano. El matrimonio fue la respuesta de Dios a la necesidad más profunda del ser humano: la unión de nuestra vida con otra.

Esta unidad debe abarcar la totalidad de la vida. No es simplemente una relación física. Tampoco se limita a dar y recibir apoyo emocional. Es más bien la unión total del esposo y la esposa a nivel intelectual, social, espiritual, emocional y físico.

Esta clase de unión no puede darse sin el *compromiso* profundo y duradero que Dios dispuso que acompañe al matrimonio. El matrimonio no es un contrato para validar las relaciones sexuales. No es una simple institución social cuya función es garantizar el cuidado de los hijos. Es más que una clínica psicológica donde obtenemos el apoyo emocional que necesitamos. Es más que el medio para alcanzar el reconocimiento social o la seguridad financiera. El propósito supremo del matrimonio no se logra siquiera cuando es un vehículo para el amor y el compañerismo, por valiosos que éstos sean.

> **EL PROPÓSITO SUPREMO DEL MATRIMONIO ES LA UNIÓN DE UN ESPOSO Y UNA ESPOSA AL NIVEL MÁS PROFUNDO QUE EXISTE Y EN TODAS LAS ÁREAS.**

El propósito supremo del matrimonio es la unión de un esposo y una esposa al nivel más profundo que existe y en todas las áreas, lo que a su vez brinda a la pareja la máxima realización, al tiempo que cumple los propósitos de Dios para sus vidas de la manera más eficaz.

¿QUÉ SIGNIFICA SER "UNO"?

Es evidente que el simple hecho de casarse no garantiza la unidad. Existe una diferencia entre "estar unidos" y "unidad". Como solía decir el viejo predicador: "Cuando atas las colas de dos gatos y los cuelgas de una cerca, los has unido, pero la unidad es algo completamente diferente".

Tal vez el mejor ejemplo que tenemos de esta clase de unidad es Dios mismo. Es interesante notar que la palabra "una" en Génesis 2:24, donde Dios dice: "Por tanto, dejará el hombre a su padre y a su madre, y se unirá a su mujer, y serán *una* sola carne", es la misma palabra hebrea que se usa para referirse a Dios mismo en Deuteronomio 6:4, que dice: "Oye, Israel: Jehová nuestro Dios, Jehová *uno* es".

La palabra "uno" hace referencia a una unidad compuesta, que es contraria a la unidad absoluta. Las Escrituras revelan que, aunque Dios es Padre, Hijo y Espíritu, Él es uno. No tenemos tres Dioses, sino un solo Dios, trino por naturaleza. Aunque existen muchas figuras de la Trinidad y todas tienen fallas, permíteme usar una muy conocida para ilustrar algunas implicaciones de esta unidad.

El triángulo puede ubicarse en cualquier posición, al igual que los títulos de *Padre*, *Hijo* y *Espíritu*. Eso no cambia nada, porque Dios es uno. Lo que no podemos hacer es borrar uno de los lados o quitar uno de los títulos. Todos deben estar unidos. Dios es trino y Dios es uno. Aunque no podemos entender por completo esta afirmación, debemos hablar de Dios de esa manera porque esa es la manera como Él se ha revelado. No podríamos saber que Dios es trino a menos que Dios se nos hubiera revelado como trino. No sabríamos que la Trinidad es una unidad si no fuera porque Dios nos la ha revelado como tal.

Dios es *unidad*. Por otro lado, Dios es *diversidad*. No podemos afirmar debidamente que no hay distinciones entre la Trinidad. En sentido estricto, el Espíritu Santo no murió por nosotros en la cruz. Esa fue la obra del Hijo. En nosotros como creyentes no mora el Padre, sino el Espíritu. Los miembros de la Trinidad tienen, en efecto, diferentes roles y, a la vez, tienen unidad. Es impensable que los miembros de la Trinidad operen como entidades separadas. Desde Génesis 1:26, donde Dios dijo: "*Hagamos* al hombre a *nuestra* imagen" hasta Apocalipsis 22:16-21, vemos a la Trinidad actuando juntos como una unidad compuesta.

¿Qué implicaciones tiene esta unidad divina para el matrimonio? He aquí un segundo triángulo:

DIOS

ESPOSO   ESPOSA

En este caso, no se puede girar el triángulo para que descanse sobre otro lado. Dios debe permanecer en el ápice de un matrimonio cristiano. En cambio, es posible intercambiar la posición de los títulos de *esposo* y *esposa*, porque están llamados a ser uno.

En nuestra era individualista, la "unidad" no es un concepto preciado. Sin embargo, la unidad matrimonial no es la clase de unidad que anule la personalidad. Antes bien, es la clase de unidad que te libera para expresar tu propia diversidad, y aún así experimentar unidad completa con tu pareja. Eres libre para ser todo lo que Dios quiere que seas al tiempo que experimentas todo lo que Dios dispuso al unirte en matrimonio con tu cónyuge. Ninguna verdad podría ser más liberadora y satisfactoria.

> **ERES LIBRE PARA SER TODO LO QUE DIOS QUIERE QUE SEAS AL TIEMPO QUE EXPERIMENTAS TODO LO QUE DIOS DISPUSO AL UNIRTE EN MATRIMONIO CON TU CÓNYUGE.**

A MODO DE CONCLUSIÓN

Ya sea que estén comenzando su vida de esposos o sean casados veteranos que intentan sortear algunos desafíos, espero que tengan claro en su mente el objetivo del matrimonio: la unidad al nivel más profundo en todas las áreas de la vida. Tal vez para ti sea nada más un sueño, pero, si estás dispuesto a trabajar en ello, puede hacerse realidad. ¿Puedes imaginarte cómo sería gozar de cierto grado de unidad intelectual? ¿De unidad social? ¿De unidad espiritual? ¿De unidad física? No te rindas. Es posible que estés a punto de hacer un nuevo descubrimiento.

Tal vez digas: "Pero a mi cónyuge no le interesa trabajar en ello conmigo. No puedo hacerlo solo". Aunque eso es cierto, puedes hacer tu *parte*. Y Dios puede usar esa parte que tú haces para propiciar el cambio en tu pareja. Creo que el principio que expongo en el capítulo siguiente es el principio número uno para la felicidad matrimonial y la buena salud. Léelo con cuidado, medítalo detenidamente y no olvides realizar la tarea al final de cada capítulo.

MANOS A LA OBRA

1. ¿Qué responderías a la pregunta: "¿Cuál es el propósito del matrimonio?"?

2. ¿Sientes que la búsqueda de la unidad en tu relación te ha privado de tu individualidad? Si es así, ¿estarías dispuesto a hablar acerca de esto con tu cónyuge?

3. ¿Cómo crees que funciona en la práctica "la unidad al nivel más profundo"? ¿Se te ocurren algunos ejemplos en tu matrimonio?

CAPÍTULO DOS

"¿Por qué no cambian?"

HELENA ESTABA SONRIENTE cuando entró en mi oficina. Mientras nos sentábamos yo le pregunté:

—¿En qué piensas hoy? —entonces desapareció su sonrisa y empezó a llorar.

—No sé —dijo—. Son tantas cosas. A veces me siento abrumada. Es por mi matrimonio. Al parecer, Tomás y yo ya no nos entendemos. Pasamos mucho tiempo discutiendo. Algunos días siento que ya no puedo más.

—¿Sobre qué asuntos discuten? —le pregunté.

—Son muchos —dijo—. No creo que Tomás esté dispuesto a llegar a un acuerdo conmigo. Casi no me ayuda con el bebé y en la casa prácticamente no hace nada. Dice que su nuevo trabajo acapara toda su energía, pero yo también estoy cansada. El sábado dice que necesita recuperarse de la semana. Pues bien, a mí también me gustaría relajarme, pero no puedo. Alguien tiene que encargarse de lo que hay para hacer. Si él me ayudara, ambos podríamos disfrutar de tiempo libre.

Dos semanas después tuve la oportunidad de conversar con Tomás. Le pregunté:

—¿Cuáles dirías que son los problemas en tu relación con Helena?

—Ella es muy exigente —dijo—. Lo que hago nunca le parece suficiente. Si voy a comprar víveres, se queja porque olvidé el champú de bebé. Siempre se está quejando, así que prácticamente me doy por vencido.

Y a continuación añadió:

—Además, casi no tenemos intimidad.

—¿Te refieres al sexo? —pregunté.

—Sí —respondió—. Desde que nació Emma prácticamente ha desaparecido. No creo que así deba ser un matrimonio, pero no logro que ella lo entienda.

Helena y Tomás tienen serios problemas en su relación. Sin embargo, cada uno describe el problema en términos del comportamiento de su pareja. Cada uno piensa que si el otro cambiara, ellos tendrían un buen matrimonio.

En esencia, ambos dicen lo mismo: "Mi problema es mi esposo/esposa. Yo, en general, soy una buena persona, pero mi cónyuge me ha vuelto desdichado".

Siempre es el mismo patrón. Dirigimos nuestros sentimientos contra nuestro cónyuge y describimos nuestros problemas en términos de los errores que comete nuestra pareja.

Cuando aconsejo a las parejas, acostumbro a darles hojas de papel y lápiz y pedirles que hagan una lista de aquello que les desagrada del otro. Deberías ver esas listas. Algunas personas tienen que pedir más papel. Escriben con gran libertad y frenesí. Luego, al cabo de un rato, les pido que hagan una lista de las que ellas consideran que son sus propias deficiencias. Su respuesta es curiosa. Por lo general, les viene de inmediato a la mente una deficiencia, y la anotan. Luego tienen que esforzarse y pensar mucho para encontrar la segunda. Algunas nunca la encuentran. ¿No es curioso? Un solo defecto personal (o a lo sumo tres o cuatro), mientras que la pareja tiene decenas de defectos.

ENCUENTRA DEFECTOS, PERO EN TI MISMO

Lo que todos pensamos es: *Si mi cónyuge corrigiera sus errores, tendríamos un matrimonio feliz.* Por eso fastidiamos, protestamos, exigimos, lloramos, nos retraemos, nos desesperamos, todo en vano.

Puesto que mi cónyuge no cambia, yo estoy destinado a la desdicha. ¡No creas tal cosa! *Tu matrimonio puede mejorar y el cambio puede empezar hoy mismo, sin importar cuál sea la actitud de tu cónyuge.*

Existe una estrategia para el cambio que relató Jesús en Mateo 7:1-5. En el pasaje siguiente voy a sustituir la palabra "hermano" por "cónyuge" para poder apreciar cómo funciona el principio en el matrimonio.

No juzguéis, para que no seáis juzgados. Porque con el juicio con que juzgáis, seréis juzgados, y con la medida con que medís, os será medido. ¿Y por qué miras la paja que está en el ojo de tu cónyuge, y no echas de ver la viga que está en tu propio ojo? ¿O cómo dirás a tu cónyuge: Déjame sacar la paja de tu ojo, y he aquí la viga en el ojo tuyo? ¡Hipócrita! saca primero la viga de tu propio ojo, y entonces verás bien para sacar la paja del ojo de tu cónyuge.

Ahora bien, no me malinterpretes. No estoy llamando a nadie hipócrita. Simplemente quiero citar un principio que Jesús enseñó. Jesús dice que si alguien trata de mejorar su matrimonio intentando hacer que su cónyuge cambie (esforzándose por sacar la paja de su ojo), malgasta su energía en la dirección equivocada. El lugar donde hay que empezar son sus propias fallas (la viga en su propio ojo).

No sugiero que el cónyuge no tenga deficiencias o defectos. Lo que quiero decir es que lo primero que hay que hacer no es tratar las faltas de la pareja. La primera pregunta para todos cuando enfrentamos una tormenta matrimonial es: "¿En qué estoy fallando? ¿Cuáles son *mis* faltas?".

Puede ser que este enfoque te parezca extraño porque, al fin de cuentas, tu cónyuge constituye el 95 por ciento del problema, ¿no es así? Si bien no eres perfecto, tu falta es mínima. Definitivamente no sobrepasa el 5 por ciento. Demos por hecho que esto es cierto, aunque los porcentajes pueden cambiar cuando empiezas a reflexionar. Aunque solo fueras el 5 por ciento del problema, la clave para mejorar la relación está en tus manos. Jesús dijo: "Saca primero la viga de tu propio ojo".

> **AUNQUE SOLO FUERAS EL 5 POR CIENTO DEL PROBLEMA, LA CLAVE PARA MEJORAR LA RELACIÓN ESTÁ EN TUS MANOS.**

¿Cuáles son los pasos para lograrlo? ¿Cómo sacas una "viga" de tu propio ojo? Te sugiero que tomes tiempo a solas con Dios, preferiblemente en algún lugar donde puedas hablar en voz alta. (Si en verdad sientes una fuerte hostilidad contra tu cónyuge, podrías hacer una lista de sus defectos de antemano. Esto puede ayudarte a despejar la mente y a disponerte psicológicamente a enfrentar tus propios defectos).

HAZ UNA LISTA

Ahora, a solas con Dios, pregúntate simplemente: "Señor, ¿qué está mal en *mí*? ¿Cuáles son mis defectos? ¿Cuáles son mis pecados? Sé que mi cónyuge tiene muchos, y ya he tomado nota de ellos, pero en este momento lo que quiero saber es: ¿Cuáles son mis pecados?". Ten a la mano lápiz y papel (o una *tablet*), porque esa es una plegaria que Dios va a responder. Haz una lista de tus pecados.

Es posible que encuentres el pecado de amargura, que se condena en Efesios 4:31: "Quítense de vosotros toda amargura, enojo, ira, gritería y maledicencia, y toda malicia". Es indudable que tu pareja pudo haber desencadenado tu actitud negativa, pero solo tú fuiste quien permitió que creciera amargura. Nunca es bueno sentir amargura contra una criatura de Dios.

Tal vez encuentres el pecado de crueldad, que constituye una violación al mandamiento de Efesios 4:32: "Antes sed benignos con otros, misericordiosos, perdonándoos unos a otros, como Dios también os perdonó a vosotros en Cristo".

"¡Pero mi pareja nada ha hecho para merecer mi bondad!", protestarás. Cierto, pero *tú* eres quien decide ser benigno o no. Está mal que un cristiano no sea benigno.

Es posible que descubras falta de amor hacia tu pareja. Hablaremos más al respecto en el capítulo 3, pero permíteme decirte que el amor tal y como se describe en 1 Corintios 13 es un acto o una actitud más que una emoción. "El amor es sufrido… benigno… no es jactancioso, no se envanece; no hace nada indebido, no busca lo suyo, no se irrita, no guarda rencor" (vv. 4-5). Si tú fallas en expresarle amor a tu cónyuge, has cometido un pecado.

Es posible que el Espíritu Santo te revele muchos pecados. Anótalos uno a uno hasta que no se te ocurra ningún otro; luego, abre tu Biblia y lee 1 Juan 1:9: "Si confesamos nuestros pecados, Él es fiel y justo para perdonar nuestros pecados, y limpiarnos de toda maldad". El hecho de anotar tu lista te permite confesar realmente tus pecados, porque te pones de acuerdo con Dios en que dichas cosas son agravios en tu vida.

ACEPTA EL PERDÓN DE DIOS

Sugiero que repases la lista y concuerdes de nuevo con Dios acerca de lo que está mal en tu vida, le des gracias por la muerte de Cristo en la cruz y por su perdón. En tus propias palabras dile: "Padre, esto está mal, muy mal. ¿Cómo pude ser tan necio? Pero te doy gracias por la cruz, porque Cristo ha pagado por este pecado y puedo recibir perdón. Gracias, Padre, por el perdón".

Repasa tu lista y acepta el perdón de Dios por cada error del pasado. Dios no quiere que vivamos bajo la carga emocional de los errores pasados. Podemos ser perdonados.

UNA CONCIENCIA LIMPIA

Después de aceptar el perdón de Dios hay que dar un segundo paso para lograr un matrimonio que crece y glorifica a Dios. El apóstol Pablo lo declara en Hechos 24:16 (NVI): "Procuro conservar siempre limpia mi conciencia delante de Dios y de los hombres".

Yo creo que esta declaración encierra el principio más importante de la salud mental y, por consiguiente, de la salud matrimonial. Pablo no afirma que nunca haya cometido una falta, sino que más bien, habiendo actuado mal, ha limpiado también su conciencia, primero delante de Dios y luego delante de los hombres. La manera como limpiamos nuestra conciencia delante de Dios es confesando nuestros pecados. La manera como limpiamos nuestra conciencia delante de nuestro cónyuge es confesándole nuestras faltas.

"¿Y qué pasa si mi cónyuge no está dispuesto a perdonarme?". Ese es su problema, no tuyo. Tu responsabilidad es reconocer la falta que cargas y pedir perdón. La respuesta de tu cónyuge no es responsabilidad tuya. Tú ya has hecho lo que podías al enfrentar tu propia falta. Solo cuando enfrentamos nuestras propias ofensas hemos cumplido con lo que está en nuestras manos hacer. Como ves, aunque no te corresponde confesar el pecado de tu cónyuge, sí puedes hacerte cargo de tu 5 por ciento.

Después de una deliciosa comida, puedes decirle a tu pareja en tus propias palabras: "Cariño (o el título de tu preferencia), Dios me ha redargüido hoy y ahora entiendo que he hecho muchas cosas mal. Las he confesado a Dios y quiero pedirte que me perdones. He sido muy egoísta al exigirte que _____. No he sido muy amable cuando _____. He fallado en suplir tus necesidades de _____. Y quiero pedirte que me perdones". Exprésate en los términos más específicos que puedas con tu pareja, tal y como lo has hecho con Dios. Dale la oportunidad de responder.

¿Qué sucederá cuando hagas esto? Será como el amanecer de un nuevo día. Por otro lado, es posible que tu cónyuge diga: "Sí, claro, ya he oído eso antes y no te creo". En ese caso lo que necesitas determinar es si hace falta que confieses de nuevo a Dios o si vas a intentar mejorar tu matrimonio. Si estallas en llanto, en palabras hostiles o arrojas objetos tendrás que apartarte de nuevo para pedir a perdón Dios por otra falta.

Tal vez podrías responder: "Entiendo tus sentimientos. Sé que he confesado antes y que he fallado muchas veces en ser lo que quiero ser. Entiendo que te parezca difícil creer que las cosas serán diferentes esta vez".

No hagas promesas apresuradas acerca del futuro. En ese momento estás enfrentando asuntos del pasado. Sella tu confesión con un abrazo y un beso si tu cónyuge está dispuesto. Sonríe, aunque recibas rechazo.

¡DERRUMBA ESE MURO!

No te preocupes por la respuesta de tu cónyuge a tu confesión. No pienses que él o ella debería caer de rodillas y confesar sus propias faltas. Es posible que eso suceda, y de ser así ¡qué maravilla! Tendrás una noche de ternura. Sin embargo, los sentimientos negativos no se rinden con tanta facilidad. El orgullo personal es un obstáculo con el que todos tropezamos. Da tiempo para que Dios haga la obra en tu cónyuge. Cuando hayas confesado tu falta y hayas limpiado tu conciencia delante de Dios y de tu pareja, habrás hecho lo más grandioso que podrías hacer por tu cónyuge. Aunque la persona no responda de la misma manera, le has facilitado la tarea de reconocer sus propias faltas.

No podemos manipular a las personas. Cada individuo tiene libre albedrío. Podemos elegir ser odiosos, hirientes y agresivos, aun frente a una confesión. Con todo, tu matrimonio mejorará *incluso si tu cónyuge no confiesa sus faltas*, porque eso te hace libre para convertirte en un agente positivo que aporta bienestar a la relación. De ahí en adelante eres libre para ser parte de la solución en lugar de ser parte del problema.

Muchas parejas se estancan porque han permitido que se levante un muro entre ellos. Los muros siempre se construyen poniendo un bloque a la vez. Un integrante de la pareja comete determinada falta. Puede que sea un asunto tan insignificante como olvidar sacar la basura o tan grave como negarse a satisfacer las necesidades sexuales de la pareja. En vez de buscar solucionar esa falta, la ignoramos.

Nos justificamos pensando: "Después de todo, ¿qué espera? ¡Estoy haciendo mi parte! ¿Por qué no piensa en *mis* necesidades?".

Por la razón que sea, se desatiende una falta tras otra hasta que se levanta un muro alto y ancho entre dos personas que empezaron "enamorados". Dejan de comunicarse y solo queda resentimiento.

¿Cómo es posible derribar esa clase de muro? Quitando esos bloques de fracaso, uno a uno. Cuando reconocemos nuestros errores de la manera más específica posible, destruimos la barrera que impide el crecimiento. Por supuesto, los muros deben derribarse de ambos lados si la relación ha de ser ideal, pero, si derribas tu lado, ayudas a que tu pareja empiece su propia demolición. Si ambos están dispuestos a derribar el muro de separación, pueden edificar sobre los escombros una bella relación.

Cuando se destruye un muro por medio de la confesión y el perdón, debemos poner en práctica la confesión inmediata de las fallas subsiguientes. Nunca debemos permitir que el muro se vuelva a levantar. La confesión mutua de las faltas de cada uno debe convertirse en un estilo de vida.

UN PEQUEÑO MURO SE LEVANTA...

Las mañanas son agitadas en muchos hogares, es una hora en la que los temperamentos pueden estallar. En una ocasión, mi esposa Karolyn y yo vivimos una de esas mañanas. Alistábamos a los niños para ir a la escuela y yo tenía que irme a trabajar.

—Karolyn, ¿dónde está mi portafolio? —pregunté a mi esposa.

—No sé —respondió ella.

—Por favor —le respondí en un volumen más alto—, Karolyn, estoy apurado. ¿Dónde está mi portafolio? Anoche lo puse ahí y ahora no está. ¿Dónde lo pusiste?

—Gary, ¡no sé dónde está tu portafolio!

Tuvimos como dos rondas más del mismo intercambio, aunque a un volumen más alto. Para entonces yo ya estaba muy molesto. Era obvio que ella había cambiado el portafolio de lugar, pero no le preocupaba lo suficiente como para ponerse a pensar dónde lo había puesto. Iracundo, saqué los niños con prisa de la casa y los llevé rápidamente a la escuela. Con ellos hablé con mucha dulzura acerca de sus tareas escolares, pero después que los dejé volví a sentir el enojo contra Karolyn por haber cambiado mi portafolio de lugar.

Me pasé los casi quince kilómetros entre la escuela de los niños y mi oficina echando chispas: "¿Cómo pude casarme con semejante cabeza de chorlito? Mi portafolio es importante. De hecho, no puedo trabajar sin este. ¿Qué voy a hacer hoy?".

Esa pregunta quedó respondida tan pronto entré a mi oficina. Allí estaba mi portafolio, justo donde yo lo había dejado el día anterior.

En ese momento tenía varias opciones. Podía olvidar el asunto y prometerme a mí mismo que nunca dejaría que Karolyn se enterara dónde había encontrado mi portafolio y esperar que nunca me lo preguntara. Podía justificar mi reacción contra ella aludiendo fatiga, distracción, falta de ejercicio, cualquier excusa serviría. O podía poner en práctica lo que predico, es decir: mirar mi viga, confesar mi pecado y pedir perdón.

UN MURO SE DERRIBA

De modo que me volví a Dios y dije: "Ay, Dios, ¿cómo pude ser tan necio? Perdóname por la forma tan horrible en que traté a Karolyn, por la falta de amor, las palabras duras, acusadoras y críticas, por el espíritu amargado. Gracias, Padre, por la cruz. Gracias porque el castigo ya ha sido pagado. Gracias por el perdón". Mi conciencia quedó limpia delante de Dios.

En seguida vino la llamada telefónica.

—Karolyn, yo… eh… yo… este… encontré mi portafolio.

—Bien —respondió ella.

—Estaba aquí en la oficina —continué vacilante—. Siento mucho la manera como te hablé. Fue horrible y estuvo mal, y quiero pedirte que me perdones.

¿Sabes lo que ella me dijo? "¡Me imaginé que llamarías!".

Ella sabía que yo iba a llamarla porque nos hemos comprometido a no permitir que se levante un muro alto y ancho entre nosotros. Ella sabía que yo no dejaría sin resolver esa falta por mucho tiempo. La vida es muy corta para permitir que se levanten muros altos y pesados. ¿Para qué desperdiciar la vida? Nunca se levantará un muro si enfrentas cada falla tan pronto ocurre.

Quizá pienses: "Alzar la voz por un portafolio es algo insignificante. Mis fallas caen en una categoría completamente diferente". Recuerdo a un esposo que me dijo después de escuchar mi conferencia acerca de "sacar la viga de tu propio ojo": "Nunca pensé que esto pudiera sucederme. Mi esposa y yo tenemos un excelente matrimonio. Siempre nos hemos enorgullecido de nuestro compromiso mutuo. Sin embargo, hace seis meses una mujer que empezó a trabajar en nuestra compañía despertó algo en mi interior que no había sentido en mucho tiempo. Para ser sincero, era algo emocionante".

"SABÍA QUE HABÍA IDO DEMASIADO LEJOS"

Jairo continuó diciendo: "Empezamos a salir a almorzar juntos y podíamos conversar con mucha facilidad. Era casi como si nos hubiéramos conocido de toda la vida. Yo era consciente de que no debía alimentar esa relación, pero me resultaba muy satisfactoria. Ella también era casada, y un día recibí una llamada telefónica de su esposo; él me dijo que sabía acerca de mi relación con su esposa y que si yo no rompía inmediatamente, iba a llamar a mi esposa y a contarle todo. Yo me sentí aterrado. Pasé la tarde pensando acerca de lo que podría sucederle a mi matrimonio y a mis hijos. Aunque no manteníamos relaciones sexuales, sí sabía que nuestra relación había llegado demasiado lejos".

A Jairo también le preocupaba el muro que se estaba levantando entre él y su esposa. Ella no sabía acerca de la relación, pero después que la tensión aumentó, Jairo reconoció: "Mi 'secreto' se había convertido sin duda en una barrera emocional entre mi esposa y yo". Él había descubierto más cosas que hacía su esposa que le molestaban. Más adelante, me confesó que durante varios meses "había contemplado la idea de que tal vez la vida sería mejor con otra persona. Yo sabía que Satanás me llevaba por un camino que deshonraba a Cristo".

"De camino a casa, aquella tarde me detuve en un parque de la localidad y abrí mi corazón delante de Dios confesando mis pecados. No recuerdo haber llorado tanto en otra ocasión. Yo sabía que Dios estaba dispuesto a perdonarme, pero me pareció difícil creer que yo hubiera permitido que Satanás me llevara tan lejos por un camino equivocado".

Por supuesto, Jairo tenía otro asunto pendiente. Aquella noche en casa le confesó todo a su esposa. Le dijo que él la amaba realmente y lo arrepentido que estaba de haber caído en una relación emocional con otra mujer. Dijo que se proponía romper con la relación al día siguiente "pase lo que pase".

"Yo tenía la esperanza de que mi esposa me perdonara y que

pudiéramos seguir reconstruyendo nuestro matrimonio. Ella lloró mucho. Me di cuenta de que hacía mucho tiempo que no sentíamos tanto dolor. Ella dijo que quería perdonarme, pero que necesitaba tiempo para procesar sus emociones".

Al día siguiente, él llamó a la otra mujer a su oficina, donde confesó que su manera de tratarla había sido incorrecta. Asumió toda la responsabilidad de los hechos "por permitirme hacer algo que yo sabía me llevaba en la dirección equivocada. Le pedí que me perdonara por mis acciones inapropiadas y le dije que esperaba que ella y su esposo pudieran restaurar su matrimonio".

Jairo le dijo que quería llamar al esposo de ella y disculparse con él. "Ella me dio su número de teléfono y tan pronto como salió de mi oficina, lo llamé y le pedí perdón por haberme propasado. Le aseguré que no habíamos tenido relaciones sexuales, pero que sabía que haber pasado tanto tiempo juntos estaba mal. Le dije que había confesado a mi esposa lo sucedido y que le había pedido perdón con la esperanza de que ella me diera la oportunidad de restaurar nuestro matrimonio, y que yo deseaba lo mismo para él y su esposa".

La noche siguiente Jairo y su esposa hablaron de nuevo. Volvieron a llorar, y ella le dijo que estaba dispuesta a perdonarlo y a restaurar su relación. "Ella me preguntó si yo estaría dispuesto a recibir consejería, y yo acepté con gusto. En los tres meses siguientes vimos a un consejero una vez por semana y procesamos no solo el dolor de mis faltas de ese momento, sino algunos problemas que no habíamos logrado enfrentar en el pasado. Todo esto sucedió hace cinco años, y hoy día gozamos de un matrimonio maravilloso. Estoy agradecido a Dios por haber usado a un esposo enojado para despertarme, y estoy agradecido con mi esposa por haberme perdonado".

La historia de Jairo demuestra tres realidades: (1) el pecado es engañoso; (2) Dios se interesa por sus hijos que se desvían; y (3) el arrepentimiento es la mejor opción siempre. El arrepentimiento hace posible la realidad del perdón.

NO EN NUESTRAS FUERZAS

Claro que no podemos hacer esto en nuestras fuerzas. Es algo que nos excede humanamente. Hay un tercer paso que debe seguir a los dos primeros: someterse al ministerio del Espíritu Santo.

Este es un concepto que no siempre nos resulta fácil de entender. No obstante, Jesús nos dejó una promesa y una descripción. En Juan 14, hablando a sus doce discípulos durante la última cena, y consciente del miedo y otros sentimientos que ellos estaban a punto de experimentar cuando concluyera el ministerio terrenal de su Maestro, Jesús prometió enviar a un "Consolador" que los guiara a toda verdad. Pablo nos dice que el Espíritu mora en cada creyente (Romanos 8:9). El Espíritu Santo es el que nos reprende cuando hacemos lo malo (Hebreos 12:5) y nos impulsa a confesar; también es el Espíritu que tiene como misión producir en nosotros las cualidades y características exhibidas en la vida de Jesús, que se llaman "el fruto del Espíritu": amor, alegría, paz, paciencia, amabilidad, bondad, fidelidad (Gálatas 5:22-23, NVI).

Observa que estas características se llaman el "fruto del Espíritu", no el fruto de nuestro propio esfuerzo. La vida cristiana no es un compromiso para *intentar* ser como Jesús. Antes bien, es *entregar* nuestra vida al Espíritu Santo para que Él pueda expresar las cualidades de Jesús por medio de nosotros.

Es imposible trabajar lo suficiente para producir paz. La paz viene como resultado de la entrega completa de nuestra vida al Espíritu Santo. Lo mismo es cierto acerca de la alegría, la paciencia, la amabilidad y todas las demás cualidades citadas anteriormente. La clave de la victoria del cristiano es reconocer y aceptar el señorío del Espíritu Santo.

Entonces, ¿cómo somos llenos del Espíritu Santo o cómo señorea sobre nuestra vida el Espíritu Santo? Después que confesamos nuestros pecados y que aceptamos el perdón de Dios, le pedimos que nos llene del Espíritu y que señoree sobre nuestra vida. Es decir, invitamos al Espíritu Santo a que ocupe el trono de nuestra vida. Esta es una oración que Dios va a responder, porque Juan dice: "Y esta es la confianza que tenemos en él, que si pedimos alguna cosa conforme a su voluntad, él nos oye" (1 Juan 5:14). Y sabemos que es "conforme a su voluntad" llenarnos de su Espíritu porque Él ordena en Efesios 5:18: "Sed llenos del Espíritu". Por tanto, cuando le pedimos que nos llene o que señoree sobre nuestra vida, sabemos que Él lo hará.

Aceptamos la dirección del Espíritu sobre nuestra vida por la fe. No esperamos ni pedimos alguna experiencia emocional. Después de confesar nuestros pecados y pedir el señorío del Espíritu, simplemente creemos que Él obra en nuestro interior y, a lo largo de la vida, confiamos en que mediante el Espíritu de Dios podemos nutrir nuestro matrimonio practicando la sinceridad, la confesión y el perdón.

Estas son algunas maneras en que podemos entregar nuestra vida al señorío del Espíritu Santo y mejorar nuestro matrimonio:

> **DESPUÉS DE CONFESAR NUESTROS PECADOS Y PEDIR EL SEÑORÍO DEL ESPÍRITU, SIMPLEMENTE CREEMOS QUE ÉL OBRA EN NUESTRO INTERIOR.**

1. Entender que mi matrimonio no es lo que debería ser.
2. Dejar de culpar a mi cónyuge y pedir a Dios que me revele cuáles son mis fallas.
3. Confesar mi pecado y aceptar el perdón de Dios conforme a 1 Juan 1:9.
4. Pedirle que me llene de su Espíritu y me dé el poder para hacer cambios constructivos en mi vida.
5. En sus fuerzas, ir a mi cónyuge, confesarle mis faltas y pedirle perdón.
6. En sus fuerzas, disponerme a cambiar mi comportamiento, mis palabras y mis actitudes conforme a los principios que descubro en las Escrituras.

Si haces esto, te aseguro que tú y tu cónyuge se encaminarán hacia el matrimonio que siempre han deseado.

¿Y MI PAREJA?

No quiero dar la idea de que debas desconocer las faltas de tu pareja. Permíteme dar una ilustración personal que muestra el papel de la confesión a la hora de considerar las faltas del otro.

Hace algunos años, mi esposa y yo almorzábamos con nuestros dos hijos un sábado veraniego, disfrutando de la belleza del paisaje que veíamos por la ventana. Los pájaros cantaban, las flores eran hermosas y nuestros corazones estaban alegres, hasta que Karolyn anunció que iba a llevar a nuestro hijo al centro comercial para comprarle zapatos. Tan pronto lo dijo, se marchó, dejando los platos sucios sobre la mesa.

Puesto que soy una persona madura, claro que no dije nada, pero mientras ella se alejaba en el auto, yo me fui a la terraza trasera, me puse cómodo en mi silla mecedora y empecé a refunfuñar contra ella. Con la ayuda de mi personalidad melancólica entretuve toda clase de pensamientos malhumorados.

"Al fin de cuentas, este es mi único día libre. Siempre trato de estar en casa los sábados. Ella no trabaja fuera de casa. Tuvo todos los días de la semana para ir de compras. ¿Por qué espera hasta el sábado? Es evidente que no me ama, o no me habría dejado solo. Bueno, en realidad no me dejó solo. Me dejó además con todos esos platos sucios sobre la mesa. Al menos hubiera podido tomarse la molestia de dejar la mesa limpia. Supongo que espera que yo lo haga. Pues bien, se lo haré saber. Yo no soy su esclavo".

Los pensamientos pasaron de malos a peores, y logré con todo éxito sentirme desdichado en presencia de pájaros que cantaban y hermosas flores. Entonces vino a mi mente como un susurro, casi como si Dios vacilara en interrumpir mi desdicha, el título de mi conferencia: "Aquí está la viga", y las palabras de Jesús: "Saca primero la viga de tu propio ojo".

Me volví a Dios y dije: "Ay, Señor, ¡qué necio he sido! ¡Qué tonto! ¿Qué me pasa que me enojo tanto porque mi esposa se va de compras?". La respuesta vino de inmediato. Primero, yo estaba juzgando los motivos de mi esposa para tomar su decisión, diciendo que ella se había ido porque no me amaba ni pensaba en mí. Jesús condena esa clase de juicio en Mateo 7:1. (De paso, ese tipo de juicio es una tontería, porque nadie puede conocer los motivos de otra persona, a menos que ella decida revelárselos). Segundo, mi actitud también fue muy egoísta. Después de confesar mis faltas y de aceptar el perdón de Dios, cedí el trono de mi vida al Espíritu Santo y pude lavar los platos con un espíritu optimista y una actitud positiva hacia mi esposa.

Esa noche, después que los hijos estaban acostados, tuve la oportunidad de relatar a mi esposa mi problema de la tarde. Le dije: "Sabes, querida, tuve una fuerte lucha esta tarde. Tan fuerte que, de hecho, pequé, y Dios tuvo que confrontarme. Ahora lo he confesado y Dios me ha perdonado, pero pensé que te gustaría saber lo que pasó".

¿Cómo podía negarse? Yo pasé a hablarle de mis actitudes y pensamientos, y cómo había entendido lo equivocados que eran. No necesité confesarle nada, porque ella ni siquiera se había dado cuenta de mi falta. Mi confesión había sido delante de Dios, pero yo le conté porque nuestro objetivo era la unidad, como vimos en el capítulo anterior. La unidad se logra únicamente cuando estamos dispuestos a confesar tanto las faltas como los aciertos. Cuando revelé mi problema y mi confesión a Dios, mi esposa se mostró muy dispuesta a hablar acerca de lo sucedido, y acordamos algunos parámetros para el futuro que funcionaran para ambos. Como ves, mi confesión había allanado el camino para la conversación constructiva acerca de lo que ella había hecho.

> **NADIE PUEDE CONOCER LOS MOTIVOS DE OTRA PERSONA, A MENOS QUE ELLA DECIDA REVELÁRSELOS.**

Cabe aclarar que Karolyn no había hecho nada malo moralmente. Hacer compras el sábado no es un pecado. Fui yo quien pecó. Cuando yo reconocí mi problema, en lugar de señalarla y acusarla, ella tuvo la libertad emocional para hablar acerca de sus acciones y preguntar: "¿Qué puedo hacer para evitar ese problema?".

¡Cuán diferentes habrían sido los resultados si yo hubiera decidido continuar en mi desdicha y dado lugar a la amargura! Al llegar ella a casa, pude haberla atacado con condenación o castigado con mi silencio hasta que ella me rogara que le revelara el motivo de mi animosidad. Pude haber sepultado mis sentimientos para evitar revelarlos y ceder al resentimiento. Ninguna de esas respuestas habría aportado a nuestro matrimonio.

Cuando una relación se rompe, ambas personas que la componen son parte de esa ruptura. Puede ser que una de ellas cargue con mayor responsabilidad que la otra, pero cualquiera de las partes puede tomar medidas para restaurarla. Cada cual debe enfrentar sus propias faltas y, de hecho, esa es la única parte que le corresponde a cada uno. La confesión es un acto individual. Debemos brindar al otro la libertad de decidir si confiesa o no. Entre tanto, nosotros podemos confesar nuestras faltas, y esto puede animar al otro miembro de la pareja a confesar las suyas.

En este capítulo hemos hablado acerca de una manera de transformar nuestro matrimonio y de encaminarlo hacia la restauración. Después de la confesión principal inicial no es necesario que hagas una lista de tus faltas, aunque conviene que las enfrentes una a una tan pronto las cometas. Cada vez que percibas tensión, sentimientos de hostilidad y falta de unidad en tu relación, lo primero que debes preguntarte es: "Señor, ¿qué falta estoy cometiendo? ¿Por qué debería enojarme por esto? ¿Qué hice o en qué fallé para motivar esta acción por parte de mi cónyuge? Aun si está totalmente equivocado en lo que hace, ¿cuál es mi responsabilidad en el asunto? ¿Mi reacción a esa acción es justa o equivocada?".

Cuando te percates de tu error, confiésalo, acepta el perdón de Dios y pide al Espíritu que señoree sobre tu vida. Los demás no nos hacen "desdichados". Somos nosotros quienes elegimos serlo.

Quizás la emoción inmediata que suscita la acción de tu pareja sea automática y esté fuera de tu control, pero lo que tú *hagas* con esa emoción es decisión tuya.

Si estás dispuesto a examinar tu propio corazón y confiesas las faltas que encuentras en ti mismo, puedes sentirte en paz a pesar de que no te alegre particularmente la situación del momento. De ese modo puedes ser una fuerza positiva de cambio, en vez de agravar el problema con tu actitud.

A MODO DE CONCLUSIÓN

Es importante recordar que tu matrimonio puede mejorar aun cuando tu cónyuge no cambia. Un solo cónyuge puede mejorar un matrimonio, aunque el otro no tenga deseo alguno de mejorar. Ahora bien, no quiero decir que puedas tener un matrimonio ideal que te satisfaga en cada aspecto. Esto, de hecho, requiere el esfuerzo de dos individuos que se someten a Dios. Aún así, puedes ver un crecimiento sustancial en tu matrimonio cuando estás dispuesto a cambiar.

Si tomas los pasos que se sugieren en este capítulo, te encaminarás hacia un matrimonio saludable y en crecimiento. ¿Quién sabe lo que Dios hará con tu cónyuge cuando tú sirves de ayuda en lugar de obstáculo?

MANOS A LA OBRA

1. ¿Qué piensas acerca de la posibilidad de dar tú el primer paso y reconocer tus propias faltas en lugar de esperar que tu pareja cambie, aun cuando seas responsable nada más de un porcentaje mínimo del problema?

2. ¿Pueden tú o tu cónyuge señalar un problema que tenían antes en su matrimonio y que ya han resuelto? ¿Qué fue lo que sucedió en esa ocasión?

3. En una relación es fácil sentirse como "el bueno". ¿Por qué es perjudicial esta actitud y qué puedes hacer para contrarrestarla?

4. ¿Estás de acuerdo con la afirmación: "Los demás no nos hacen desdichados. Somos nosotros quienes elegimos serlo"?

CAPÍTULO TRES

El verdadero significado del amor

AMOR ES LA PALABRA MÁS IMPORTANTE y la más confusa. Digo que es la palabra más importante porque Jesús dijo: "En esto conocerán todos que sois mis discípulos, si tuviéreis amor los unos con los otros" (Juan 13:35). Digo que es la más confusa porque usamos la palabra amor en miles de maneras diferentes. Oirás a quienes dicen: "Amo los perros calientes. Amo las montañas. Amo la playa. Amo a mi perro. Amo mi auto nuevo". Dos enamorados también dirán: "Te amo". ¿Qué significa realmente el amor?

A lo largo de los años he pedido a muchas parejas que me den su definición de amor. Las definiciones varían en gran manera. Algunas ponen el acento en los aspectos emocionales y físicos del amor. Otras han subrayado la naturaleza generosa del amor. La definición más original que he recibido es: "Amor es una palabra de cuatro letras compuesta de dos consonantes, m y r, dos vocales, a y o, y dos tontos, tú y yo". Supongo que hay algo de verdad en esa definición.

Cuando miramos lo que dicen las Escrituras acerca del amor

entre el esposo y la esposa, tal vez nos escandalice descubrir que el esposo tiene la obligación de amar a su esposa y que a las ancianas se les ordena que enseñen a las jóvenes a amar a sus maridos (Efesios 5:25; Tito 2:3-4). En nuestra cultura no pensamos que el amor matrimonial sea una obligación ni algo que deba aprenderse. Muchas parejas se han sentado en mi oficina y han hecho comentarios como: "Quisiera amarla, pero me resulta imposible". Lo que esto sugiere es que el amor es algo que se siente y que, por alguna razón, "no se tienen esos sentimientos". Quiero detenerme en esto y explicarlo bien. Entiendo lo que esto quiere decir y por qué las personas lo dicen. No experimentan los sentimientos de euforia que tuvieron antes de casarse. Lo que muchos no logran comprender es que lo que acostumbramos a denominar "enamoramiento" o "estar enamorado" es algo pasajero. Las investigaciones revelan que este estado tiene una duración promedio de dos años. Las películas y las canciones nos han llevado a creer que, si alguien experimenta "el verdadero amor", esos sentimientos duran para siempre. Eso sencillamente no es cierto.

Por esta razón, la Biblia ordena a los esposos amar a sus esposas y a las ancianas enseñar a las jóvenes esposas a amar a sus maridos. La clase de amor que conduce a un matrimonio duradero y satisfactorio no es un sentimiento. Es una actitud acompañada de un comportamiento apropiado. Ahora bien, no me malentiendas. Las emociones son importantes y una de nuestras más profundas necesidades emocionales es la de sentirse amado. Por eso los sentimientos de euforia durante la etapa de "enamoramiento" son tan satisfactorios. Con todo, cuando estos sentimientos se disipan, lo cual siempre sucede, debemos *elegir* amar y *aprender* a amar. Cuando logramos hacer esto, se despertarán sentimientos de calidez en el ser amado. Las emociones son mi respuesta a las palabras y a las acciones de la persona que elige amarme. Más adelante en este capítulo hablaré acerca de cómo satisfacer esta necesidad emocional de amor, pero primero centrémonos en entender en qué consiste el amor matrimonial.

Cuando las Escrituras ordenan a los esposos amar a sus esposas, no se trata de un mandato a tener emociones cálidas y positivas hacia sus esposas. No es posible imponer emociones. Nosotros no elegimos nuestras emociones. Lo que sí elegimos es nuestra actitud y nuestro comportamiento. De eso se trata el mandato para los esposos. Debemos amar a nuestras esposas como "Cristo amó a la iglesia, y se entregó a sí mismo por ella" (Efesios 5:25). Esta clase de amor se sacrifica por el bien del ser amado. Romanos 5:8 afirma que Dios mostró su amor para con nosotros en que siendo aún corruptos, egoístas y odiosos, Cristo murió por nosotros. Como esposos no esperamos que nuestras esposas sean amorosas con nosotros. Con la ayuda de Dios, tomamos la iniciativa de amarlas aun si ellas no inspiran amor.

Del mismo modo, lo que las ancianas están llamadas a enseñar a las esposas jóvenes no es la manera de tener emociones positivas hacia su esposo, sino cómo elegir una actitud amorosa que se exprese en palabras y en hechos. Permíteme repetir esto: No elegimos nuestras emociones, pero sí nuestra actitud y nuestro comportamiento. Entonces, ¿cómo funciona esa clase de amor en la vida real?

LA MEJOR DESCRIPCIÓN POSIBLE DE AMOR

Veamos 1 Corintios 13:4-8, donde encontramos la mejor descripción (no definición) de amor que he encontrado. Léela con detenimiento, meditando en las implicaciones que estas palabras tendrían en el matrimonio. Se acostumbra en muchas bodas leer estas palabras como un modelo de amor verdadero.

> El amor es sufrido, es benigno; el amor no tiene envidia, el amor no es jactancioso, no se envanece; no hace nada indebido, no busca lo suyo, no se irrita, no guarda rencor; no se goza de la injusticia, mas se goza de la verdad. Todo lo sufre, todo lo cree, todo lo espera, todo lo soporta. El amor nunca deja de ser; pero las profecías se acabarán, y cesarán las lenguas, y la ciencia acabará.

Esta descripción de amor es demasiado grande para poder digerirla de un tiro. Así que vamos a examinar algunas ideas claves. El amor es paciente y bondadoso, nunca exige las cosas a su manera, no pretende "saberlo todo", sino que es comprensivo, no se ofende con facilidad, es amable, demuestra una actitud positiva hacia los problemas. Todas estas características del amor buscan el bienestar de la persona amada.

¿Exigen estas cualidades del amor un "sentimiento" afectuoso hacia el ser amado? No te apresures en responder esta pregunta. ¿Cuánto afecto tienes que sentir para ser amable, para ser paciente? Como puedes ver, la clase de amor que describe 1 Corintios 13 no pone el acento sobre las emociones, sino sobre la actitud y la acción, las cuales no están fuera de nuestro control.

Sería injusto que yo no expresara claramente mis profundas dudas acerca de si serás capaz de demostrar esta clase de amor sacrificado sin la ayuda del Espíritu Santo. Ninguno de nosotros es dado, por naturaleza, a amar. Por naturaleza nos enfocamos en nuestro propio bienestar, no en el de los demás. Como cristianos tenemos una "ayuda externa". "Pues sabemos con cuánta ternura nos ama Dios, porque nos ha dado el Espíritu Santo para llenar nuestro corazón con su amor" (Romanos 5:5, NTV). El amor de Dios es derramado en nuestros corazones y así nos convertimos en agentes que expresamos amor a nuestro cónyuge. Nadie en el universo entero está en una posición más estratégica que yo para amar a mi esposa. Yo no debo perder esa oportunidad. Si estoy dispuesto a volverme a Dios y a pedirle que ame a mi esposa a través de mí, puedo convertirme en el amante por excelencia.

Lo que sucede con frecuencia es que yo permito que mis emociones interfieran con el fluir de mi amor. Mi esposa hace algo que me molesta. Yo experimento la emoción de enojo o pesadumbre. Si hago caso a mis emociones, la ataco con palabras hostiles y críticas. Mis palabras estimulan emociones negativas en ella y ella responde a su vez con palabras ásperas. En cambio, si yo reconozco mis emociones y elijo tener una actitud de amor, seré paciente, tomaré el tiempo que necesito para calmarme, y luego le expresaré amorosamente mi pesar. Si hago esto con bondad, lo más probable es que ella reaccione de manera positiva. Las emociones negativas descontroladas arruinan los matrimonios.

Permíteme dar un ejemplo. Encontré a Roberto en Tucson, Arizona. Dos años antes, su matrimonio había terminado en divorcio. Nunca he olvidado la manera como Roberto describió la manera descontrolada como expresó sus emociones. "Ahora me doy cuenta de que yo destruí mi propio matrimonio. Permití que mis emociones controlaran mi vida. Puesto que somos muy diferentes, Susana hacía muchas cosas que a mí me molestaban. Parecía que casi a diario yo le decía que me ofendía, me decepcionaba, me enojaba y me desesperaba. Para ella todo era condenación. Yo tenía la intención de ser franco, pero ahora me doy cuenta de que no puedes regar 'aguas negras' y esperar que crezca un jardín". Roberto tenía razón. No podemos dejar que nuestras emociones controlen nuestro comportamiento y esperar que eso tenga un efecto positivo en nuestro cónyuge.

No quiero decir que las emociones negativas sean pecaminosas. Son simplemente nuestra respuesta natural al ambiente que nos rodea. Con toda seguridad, cuando nos sentimos ansiosos o estresados, o estamos encerrados en casa por muchos días por la razón que sea, nuestras emociones se crispan y tenemos la tendencia a atacar verbalmente al otro sin pensar. Las particularidades de nuestra pareja ya no nos parecen tan encantadoras; de hecho, parecen ofensas personales. Sin embargo, puesto que somos humanos, todos experimentamos una combinación de emociones negativas y positivas. Lo que quiero decir es que no tenemos que permitir que las emociones negativas dicten nuestro comportamiento.

Algunos dirán: "Bien, me está diciendo que ame a mi pareja sin importar cómo yo me sienta hacia esa persona; ¿acaso no es ser hipócrita?". No, decidir amar a pesar de mis sentimientos es una elección. La bondad no es un sentimiento. Es una palabra o un acto que busca beneficiar la vida de mi pareja. Es gracias al acto de expresar amor que será más probable que tú recibas amor de tu pareja, lo cual a su vez afecta positivamente tus emociones. Miles de matrimonios podrían haberse rescatado si uno de los miembros de la pareja hubiera descubierto el poder del amor. Si llegaras a olvidar todo lo que se enseña en este libro, recuerda amar "al estilo de 1 Corintios 13". El amor es la virtud más grande y está al alcance de todos.

Las Escrituras dicen: "El amor edifica" (1 Corintios 8:1). La palabra *edificar* significa "construir". Busca, pues, palabras que **edifiquen** a tu esposa. Busca un detalle o algo destacado que te agrade de tu cónyuge y hazle saber cuánto lo aprecias. Hay un proverbio hebreo que dice: "La muerte y la vida están en el poder de la lengua" (Proverbios 18:21). Se cuenta la historia de una mujer que buscó consejo matrimonial.

> **LA BONDAD NO ES UN SENTIMIENTO. ES UNA PALABRA O UN ACTO QUE BUSCA BENEFICIAR LA VIDA DE MI PAREJA.**

—Quiero divorciarme de mi esposo —confesó—, y quiero causarle todo el daño posible. Ha arruinado mi vida.

—En ese caso —le aconsejó el profesional— empiece a colmarlo de halagos. Cuando usted se haya vuelto indispensable para él, cuando él crea que usted lo ama lealmente, emprenda el proceso de divorcio. De esa manera le causará el máximo daño posible.

Al cabo de unos meses, la esposa regresó para reportar que había acatado las recomendaciones del consejero.

—Bien, ahora es el momento de pedir el divorcio.

—¿Divorcio? Me he enamorado de él.

A mi parecer, el lenguaje del amor de aquel esposo era palabras de afirmación. Lo más probable es que, durante años, él había recibido palabras de condenación de parte de su esposa. Cuando ella eligió expresarle palabras de afirmación, su actitud hacia ella cambió y empezó a amarla. Las Escrituras dicen: "Nosotros le amamos a Él, porque Él nos amó primero" (1 Juan 4:19). El amor estimula el amor. Permíteme recordarte que Dios nos amó cuando no inspirábamos amor alguno.

El reto para nosotros es amar a nuestra pareja cuando no nos sentimos amados por ella. Nuestras emociones nos impulsan a condenar o a huir. Pero ¿acaso no dijo Jesús: "Amad a vuestros enemigos" (Mateo 5:44)? ¿Tienes un esposo o una esposa que, a tu modo de ver, se consideraría un "enemigo"? Si lográramos entender el tremendo poder de un halago, difícilmente volveríamos a quejarnos.

Otra característica del amor es la **paciencia**. ¿Cómo se manifiesta la paciencia en un matrimonio? Yo creo, por ejemplo, que dejarías de caminar de un lado a otro malhumorado mientras tu esposa se alista para salir. ¿Por qué no te sientas y te relajas? Tu comportamiento impaciente no va a acelerar las cosas. Simplemente agitará tu espíritu y puede incluso causar daño físico. No tienes que ser impaciente. Puedes elegir. ¿Por qué no amar? Debo reconocer que me tomó mucho tiempo aprender esto. Algo que puede servir es leer un libro o una revista mientras se espera al otro.

El amor hace **peticiones, no exigencias**. El amor no exige lo suyo. "Querido, ¿podrías por favor cortar el césped esta semana el jueves por la tarde? Mi grupo de damas va a venir a almorzar el viernes y me gustaría que el jardín se viera bien". Esa es una petición que, con toda seguridad, recibirá una respuesta afirmativa. "Espero que logres despegarte de tu computadora lo suficiente para cortar el césped antes del viernes" es una exigencia que, si logra el resultado deseado, será con resentimiento.

El amor es **desinteresado**. El amor procura el bienestar de la persona amada. Si un esposo viviera con la perspectiva de ayudar a que su esposa alcance todo lo que se propone y la esposa viviera con la perspectiva de ayudar a su marido a usar al máximo sus capacidades, seguiríamos la idea bíblica y ambos podríamos "ganar".

Permítame ahora señalar cómo una actitud de amor con el

comportamiento apropiado puede estimular emociones positivas en un matrimonio. Como expuse anteriormente, nuestra necesidad emocional más profunda es la de sentirnos amados por aquellas personas que son más importantes en nuestra vida. Si eres casado, la persona por quien más desearías ser amado es tu pareja. Cuando te sientes amado, la vida es hermosa. Cuando no te sientes amado, la vida puede parecer tenebrosa. Durante la etapa de "enamoramiento" en una relación romántica esta necesidad es satisfecha. Por eso nos sentimos atraídos mutuamente. Sin embargo, lo que muchos no comprenden es que el amor romántico tiene dos etapas. Cuando se pasa la etapa inicial de euforia, la segunda requiere descubrir lo que en realidad hace sentir amada a tu pareja. Muchas veces damos por hecho que lo que me hace sentir amado a mí hará sentir amado a mi cónyuge. Esa es una suposición falsa.

CINCO FORMAS ESENCIALES DE EXPRESAR AMOR

Lo que descubrí en mi consejería a cientos de parejas es que existen cinco formas esenciales de expresar amor. Yo las denomino "los cinco lenguajes del amor" . Cada persona tiene un "lenguaje del amor" principal. Si no hablas su lenguaje del amor, tu pareja no va a sentirse amada, a pesar de que la ames de otras formas. Por regla general, un esposo y una esposa tienen diferentes lenguajes del amor. Por ende, si queremos suplir exitosamente la necesidad de amor, debemos descubrir el lenguaje principal del amor del otro y tomar la decisión de hablarlo.

Permíteme explicar brevemente los cinco lenguajes del amor en las páginas siguientes. (Para una descripción más detallada de los lenguajes del amor, consulta mi éxito de librería *Los cinco lenguajes del amor: El secreto del amor duradero*).

PALABRAS DE AFIRMACIÓN

Ya hemos hablado acerca del poder de las palabras de afirmación, que es el lenguaje principal del amor de algunas personas. Son personas que florecen cuando reciben comentarios como: "Te luce esa ropa", "Agradezco mucho lo que hiciste por mí", "Una de las cosas que me agradan de ti es…". Las palabras pueden centrarse en la personalidad, el intelecto, la belleza, la actitud o muchas otras cualidades de tu pareja. Lo importante es que expresemos lo que valoramos en esa persona. Estas palabras son especialmente poderosas cuando se expresan con amabilidad. La amabilidad tiene que ver con la manera como hablamos. El tono de voz y el volumen que usamos al hablar tienen que expresar amabilidad. Para la persona cuyo lenguaje principal del amor es palabras de afirmación, oír palabras críticas y ásperas es como recibir una puñalada en el corazón. Oír palabras amables y de aprecio es como lluvia que cae sobre tierra desértica.

ACTOS DE SERVICIO

Las Escrituras nos desafían a amar no solo con palabras sino con "hechos" (1 Juan 3:19). Los actos de servicio incluyen, por ejemplo, preparar comida, lavar los platos, aspirar los pisos, pasear el perro, lavar el auto, cortar el césped y cambiar el pañal del bebé. Recuerda el viejo dicho: "Las acciones hablan más que las palabras". Esto es cierto para la persona cuyo lenguaje principal del amor es actos de servicio. En los primeros días de nuestro matrimonio, yo le expresé a mi esposa palabras de afirmación, porque ese era mi lenguaje del amor. Di por hecho que lo que me hacía sentir amado a mí funcionaría de igual modo para ella. Estaba equivocado. Llegado el momento, ella me dijo: "Te la pasas diciendo 'te amo'. Si realmente me amas, ¿por qué no me ayudas con todo el trabajo que hay por hacer?". En aquel entonces no tenía idea acerca de los lenguajes del amor, pero entendí el mensaje de que mis palabras de afirmación no eran lo más relevante para ella.

TIEMPO DE CALIDAD

Este lenguaje se refiere a ofrecer a tu pareja tu atención absoluta. Eso puede significar sentarte en el sofá con la televisión y los aparatos apagados. Nos abstenemos de responder nuestro teléfono y, en cambio, prestamos toda la atención al otro. También puede expresarse tomando una caminata juntos y hablar mientras caminan. O ir a un restaurante, dando por hecho que conversarán en vez de mirar sus portátiles. El tiempo de calidad no siempre implica conversación. También pueden plantar un jardín juntos. Lo importante a nivel emocional no es el jardín, sino el hecho de hacerlo juntos.

REGALOS

Dar regalos es una expresión universal de amor. El regalo dice: "Esta persona pensó en mí. Miren lo que consiguió para mí". No hace falta que el regalo sea costoso. ¿Conoces la expresión: "El detalle es lo que cuenta"? Pues bien, permíteme recordarte que no es el pensamiento que quedó en tu mente lo que cuenta, sino el regalo que salió del pensamiento que vino a tu mente. Si el presupuesto es escaso, yo aconsejo a los esposos que sigan el ejemplo de los hijos. Ellos recogen flores silvestres y las obsequian a su mamá. Busca una flor en el jardín para ofrecérsela a tu esposa. Si no tienes flores en tu jardín, busca en el jardín del vecino. Claro, pide permiso, no te las robes. Si no eres bueno para escoger regalos, pídele a tu pareja que haga una lista de cosas que le gustaría recibir. Si los regalos son el principal lenguaje del amor de tu pareja, no te limites a darlos en las celebraciones especiales y los cumpleaños, sino hazlo también en días "normales".

CONTACTO FÍSICO

En un matrimonio, esto incluye gestos como tomarse de la mano, besarse, abrazarse, frotar la espalda, apretarse cariñosamente y tener intimidad sexual. Las manifestaciones afectivas de contacto físico le llegan hondo a la persona con este lenguaje del amor. Muchos esposos suponen automáticamente que su principal lenguaje del amor es el contacto físico, porque piensan en la relación sexual. Así que yo les pregunto: "¿El contacto físico no sexual te hace sentir amado?". Ellos me miran como preguntando: "¿Existe el contacto físico no sexual?". Yo pregunto: "Si vas caminando por el centro comercial y tu esposa estira su brazo para tomar tu mano, ¿ese gesto te hace sentir amado?". Si él responde: "No, en realidad eso me aburre", continuo y pregunto: "Si tu esposa te sirve una taza de café y pone su mano sobre tu hombro, ¿eso te hace sentir amado?". Si él responde: "No, en realidad no", entonces yo le digo: "El contacto físico no es tu lenguaje del amor".

Ningún lenguaje del amor es exclusivo de un sexo. Un hombre o una mujer pueden tener cualquiera de los cinco lenguajes del amor como predominante. ¿Cómo descubres tu lenguaje del amor? Hay tres preguntas sencillas que pueden ayudarte a descubrirlo: (1) ¿Cómo trato por lo general a las demás personas? Si soy generoso en dar palabras de afirmación, es muy probable que ese sea mi lenguaje del amor. Por lo general, nuestra tendencia es hablar nuestro propio lenguaje del amor. (2) ¿Cuál es mi reclamo más frecuente? El reclamo o queja revela el lenguaje del amor. "Siento que ya no tenemos tiempo para estar juntos". (3) ¿Qué pido con más frecuencia? "¿Me das un masaje en la espalda?" es una petición de contacto físico. Responde estas tres preguntas y muy probablemente descubrirás tu principal lenguaje del amor. Tal vez desees también responder el cuestionario en 5lovelanguages.com (solo disponible en inglés). Cuando descubran el lenguaje del amor de cada uno, el reto consiste en hablarlo con frecuencia. A partir de ahí, pueden acompañarlo de los otros cuatro lenguajes para ganar puntos adicionales.

MOLESTIAS E IMPERFECCIONES

A pesar de que como pareja hablen el lenguaje del amor de cada uno, todavía habrá cosas del otro que te molesten. ¿Cuál es la manera de procesar esos disgustos? Como he señalado anteriormente, el primer paso es pedir un cambio. Si podemos cambiar, ¿por qué no hacerlo? Intentemos hacer la vida tan placentera como sea posible para ambos. Con todo, habrá cosas que tu pareja no pueda cambiar o, por la razón que sea, prefiera no cambiar. ¿Qué hacer en ese caso? Las Escrituras dicen: "El amor cubrirá multitud de pecados" (1 Pedro 4:8).

Ahora bien, las cosas que nos molestan no siempre son pecaminosas. De modo que, si pudiera parafrasear el versículo, yo diría: "El amor acepta muchas imperfecciones o molestias". El amor no exige perfección por parte de la pareja. Nuestro cónyuge no puede ni hará todo de la manera como nosotros queremos que se haga, por la simple razón de que son humanos. El amor acepta aquellas cosas que no pueden o que no van a cambiar. Permíteme darte un ejemplo de mi propio matrimonio.

Llevábamos varios años de casados cuando me di cuenta de que mi esposa era una persona del estilo "abre cajones", no "cierra cajones". No sé si fui ciego a este hecho durante los primeros tres o cuatro años o si se trataba de un nuevo patrón de comportamiento en ella, pero en cualquier caso me resultaba muy molesto.

Hice lo que me parecía que un adulto debería hacer. La confronté con el disgusto que me causaba ese asunto y le pedí que cambiara. La semana siguiente observé cuidadosamente cada vez que entraba en nuestro apartamento, pero quedé consternado al ver que no hubo cambio alguno. Al cabo de unas semanas, decidí usar mis conocimientos acerca de educación. Acompañé mi disertación con una demostración visual. Saqué todo el contenido del cajón superior del baño, quité el cajón y le mostré la pequeña rueda debajo del cajón, explicándole cómo encajaba de bien en el riel y qué maravilloso invento era. Quedé convencido de que ella había comprendido cómo funcionaba el cajón y lo serio que era el asunto para mí.

La semana siguiente esperé con ansias el cambio, ¡pero nada sucedió! De repente, un día al llegar a casa supe que nuestra hija de dieciocho meses se había caído y se había cortado la comisura del ojo con el borde de un cajón abierto. Karolyn la había llevado al hospital, donde el médico cosió la herida. Ella me contó la historia completa y yo contuve mis emociones mientras la escuchaba. Me sentía orgulloso de mí mismo. Ni siquiera mencioné el cajón abierto, pero en mi interior pensé: "¡Apuesto que ahora sí va a cerrar los cajones!". Yo sabía que este sería el factor decisivo. ¡Ahora sí tenía que cambiar! Pero no fue así.

Después de una o dos semanas me cruzó por la mente este pensamiento: "Creo que ella nunca va a cerrar los cajones". Me tomó mucho tiempo aprender, pero al fin capté el mensaje. De modo que me senté a sopesar mis alternativas. Las escribí: (1) Podía dejarla. (2) Podía ser infeliz cada vez que mirara un cajón abierto hasta el día en que uno de nosotros muera. (3) Podía aceptarla como una persona "abre cajones" y asumir yo mismo la tarea de cerrarlos.

Cuando analizaba mis alternativas, descarté de inmediato la primera. Analicé la número dos y me di cuenta de que si iba a ser infeliz cada vez que viera un cajón abierto, pasaría gran parte de mi vida en desdicha. Comprendí que la mejor alternativa que me quedaba era la número tres: Aceptaría esto como una de sus imperfecciones.

Tomé mi decisión y fui a casa para darle el anuncio.

—Karolyn, ¿te acuerdas del asunto de los cajones? —dije.

—Gary, por favor no me hables más de eso —respondió.

—No, ya tengo la respuesta. A partir de hoy no tienes que pre-ocuparte por cerrar los cajones. Voy a aceptar eso como una de mis tareas. Puedes abrir los cajones todo lo que quieras. Cuando yo pase por ahí, voy a cerrrarlos. Si quieres abrirlos otra vez, está bien. ¡Nuestro problema con los cajones ha terminado!

¿Saben cuál fue su respuesta? "Bien". Le pareció bien. Desde siempre se trató de un problema mío nada más.

Desde entonces los cajones abiertos nunca me han fastidiado. No siento emoción alguna, ni hostilidad. Simplemente los cierro. Es una de mis tareas. Cuando llegue a casa esta noche, le garantizo que los cajones abiertos me estarán esperando. Es mi tarea cerrarlos, y todo estará bien.

¿Qué quiero sugerir con esta ilustración? Que en el matrimonio vas a descubrir cosas que te desagradan de tu cónyuge. Puede ser la manera como organiza las toallas (o como las desorganiza). Puede ser la emisora de "rock clásico" que pone en la radio del auto... la manera como interrumpe cuando estás intentando terminar un informe de trabajo... la fastidiosa costumbre que tiene de olvidar los nombres de las personas… la forma de dejar sus zapatos tirados por todas partes de tal modo que tropiezas con ellos.

A MODO DE CONCLUSIÓN

La primera medida que se debe tomar es pedir un cambio. Si se puede cambiar, ¿por qué no hacerlo? Es un precio pequeño que se paga para vivir con un cónyuge feliz. Sin embargo, te aseguro que habrá cosas que tu pareja no pueda cambiar o que prefiera no cambiar. En ese caso, "el amor acepta muchas imperfecciones". Tú decides en qué momento llega la aceptación, pero cuanto más pronto sea, más rápido gozarán ambos de mayor felicidad.

> **TE ASEGURO QUE HABRÁ COSAS QUE TU PAREJA NO PUEDA CAMBIAR O QUE PREFIERA NO CAMBIAR. EN ESE CASO, "EL AMOR ACEPTA MUCHAS IMPERFECCIONES".**

Es posible que algunos hayan batallado durante muchos años contra asuntos tan irrelevantes como abrir cajones. ¿Será posible que haya llegado el momento de declarar una tregua y de hacer una lista de cosas que puedes aceptar como imperfecciones?

No quiero desanimarte, pero es posible que tu pareja nunca haga todo exactamente como te gustaría que lo hiciera. La vida es demasiado corta para elegir la desdicha. Yo prefiero, de lejos, la elección de amar.

MANOS A LA OBRA

1. Pide a Dios que te permita ser su agente que ama a tu pareja. Pídele que te llene de su Espíritu y de su amor. (Dios va a responder esta oración porque ya nos ha dicho que esa es su voluntad; ver Efesios 5:18, Tito 2:3-4).

2. Procura halagar a tu cónyuge al menos una vez al día durante la próxima semana.

3. Expresa amor a tu cónyuge con palabras o acciones al menos una vez al día durante el mes siguiente.

4. No permitas que la reacción de tu pareja apague tu amor. Nada que tu cónyuge haga puede frenar tu amor, siempre y cuando tú elijas amar. ¿Por qué frenarlo cuando el amor es tu influencia positiva más poderosa?

5. Contempla la posibilidad de aceptar una imperfección de tu cónyuge que te haya molestado durante años. Si decides aceptarla, asegúrate de decírselo. Esta clase de aceptación puede ser un paso positivo hacia el crecimiento emocional como pareja.

6. Responde el cuestionario en 5lovelanguages.com para descubrir tu principal lenguaje del amor. Invita a tu cónyuge a que haga lo mismo (no se lo exijas). Aprendan a comunicarse en el lenguaje del amor de cada uno y practíquenlo diariamente.

7. Pocas personas pueden resistir por más de un año el auténtico amor incondicional. ¿Por qué no empezar hoy? Convierte este año en el mejor año de tu matrimonio. Muchos han descubierto que en menos de un mes el amor opera un cambio en el clima emocional de la relación.

CAPÍTULO CUATRO

"¡Escúchame!"

SOMOS UNA CULTURA a la que le encanta "comunicarse". Desde que amanece hasta que anochece nos la pasamos enviando mensajes de texto, revisando las publicaciones de las redes sociales, enviando correos electrónicos, escuchando podcasts en nuestra caminata diaria, viendo y oyendo toda clase de opiniones en la televisión, dejando mensajes de voz para nuestro médico, plomero o pastor. Incluso los autos nos hablan y dirigen nuestra ruta. Las personas más queridas con quienes vivimos bajo el mismo techo nos gritan desde la habitación conjunta: "¿Se acabó la leche?". Y la lista sigue. Rara vez encontramos un lugar donde podamos disfrutar de silencio y paz.

Aun así, es indispensable comunicarse. Pero ¿con qué tipo de comunicación? Con una comunicación verdadera, abierta y enriquecedora. Por desdicha, a algunas personas esto les resulta verdaderamente difícil.

Cuando no logramos comunicarnos de manera abierta y significativa y, por ende, no logramos hacer a nuestro cónyuge partícipe de nuestra vida, frenamos el caudal de la vida y nuestra tendencia es crear un pozo estancado de autocompasión. Nos sentimos solos porque estamos solos. A pesar de cohabitar bajo el mismo techo, vivimos como dos personas solas en vez de vivir como una unidad. Esto es precisamente lo opuesto a lo que Dios se propuso. En el principio, Él dijo: "No es bueno que el hombre esté solo [separado]" (Génesis 2:18). Muchas personas se encuentran "separadas" en su relación matrimonial. Nunca es bueno estar solos.

UN ACTO DE LA VOLUNTAD

Contrario a los nobles ideales que teníamos antes de casarnos, una comunicación dinámica no es algo que ocurra de manera natural. Por otro lado, tampoco es, como han concluido muchas parejas, algo imposible de alcanzar. Para alcanzar la unidad y disfrutar de ese entrañable caudal de vida que constituye la más profunda satisfacción que existe, es preciso que nos comuniquemos. No es posible conocernos mutuamente a menos que seamos confidentes el uno del otro. El apóstol Pablo señaló esta verdad cuando habló a la iglesia en Corinto: "¿Quién de los hombres sabe las cosas del hombre, sino el espíritu del hombre que está en él? Así tampoco nadie conoció las cosas de Dios, sino el Espíritu de Dios" (1 Corintios 2:11).

> **NO ES POSIBLE CONOCERNOS MUTUAMENTE A MENOS QUE SEAMOS CONFIDENTES EL UNO DEL OTRO.**

Del mismo modo que nos resultaría imposible saber cómo es Dios si Él no hubiera decidido comunicárnoslo por medio de su Espíritu, tampoco es posible conocernos el uno al otro a menos que decidamos comunicarnos. La idea de que "mi cónyuge es como un libro abierto para mí" puede ser una realidad tras cincuenta años de comunicación fluida en una pareja, pero no algo que suceda en los primeros años de matrimonio.

No, tu pareja no puede leerte la mente, como sabrás. Si quieres que tu esposo sea sensible a tus sentimientos, ¡debes decirle cómo te sientes! Si quieres que tu esposa se interese por los asuntos de tu vida, debes incluirla en ellos.

La comunicación es un acto de la voluntad. Pablo lo ilustra en 2 Corintios 6:11, 13, cuando dice a los corintios: "Les hemos abierto de par en par nuestro corazón… ¡abran también su corazón de par en par!" (NVI). Nos comunicamos o no nos comunicamos por un acto deliberado de nuestra parte. En realidad, no podemos decir: "Es solo mi personalidad. ¡No soy un gran comunicador!".

Ahora bien, es cierto que algunas personas tenemos lo que podría llamarse una "personalidad tipo mar Muerto". Tal vez tengamos muchos pensamientos, sentimientos y experiencias, pero nos contentamos perfectamente sin expresarlos a nadie. No sentimos el impulso de hablar. Otros tienen la "personalidad del arroyo que no calla": Todo lo que se les pasa por la mente sale por la boca, y por lo general no trascurren sesenta segundos entre lo uno y lo otro. El "arroyo que no calla" tiene, por su parte, el problema de aprender a escuchar.

La comunicación eficaz requiere ambas acciones: hablar y escuchar. Cada persona tiene la tendencia a caer en uno de los dos extremos por la orientación básica de su personalidad. Por consiguiente, cada persona tiene sus propias dificultades comunicativas, aunque todos *podemos* comunicarnos. La comunicación es, en esencia, un acto de la voluntad, no una cuestión de personalidad.

Aunque nuestras personalidades pueden suponer una ventaja o una desventaja en la comunicación, nunca pueden dejarnos en bancarrota. Es mi elección personal abrir mi corazón o cerrarlo. No puedo culpar mi personalidad, la reacción de mi pareja ni cualquier otro factor. Si vivo ensimismado, lo hago por elección propia y en desobediencia deliberada al mandamiento de Dios de vivir en unidad como pareja. El matrimonio no puede alcanzar su estado ideal a menos que ambos miembros de la pareja elijan comunicarse.

> **ES MI ELECCIÓN PERSONAL ABRIR MI CORAZÓN O CERRARLO.**

MÁS QUE "BIEN"

Si te resulta difícil comunicarle a tu cónyuge asuntos delicados, es más sencillo empezar con sucesos de la vida cotidiana y poco a poco pasar a niveles más trascendentes de comunicación. Todos los padres hemos experimentado el momento cuando nuestros hijos llegan de algún evento (un viaje de campo, un retiro de la iglesia, etc.) y, al preguntarles cómo les fue, nos responden con un simple: "Bien" (o en ocasiones un "no sé").

Muchas veces esperamos y, al cabo de un rato, nuestros hijos deciden contarnos cómo les fue. O formulamos preguntas amables que puedan estimular alguna respuesta más elaborada.

¿Cómo podemos hacer esto en el matrimonio si carecemos de tal habilidad? Lo que sugiero a las parejas jóvenes y a otros que enfrentan dificultades de comunicación a este nivel es que durante algunas semanas hagan todo lo posible por comunicar los *detalles*: "Bueno, me compré un café y luego fui a trabajar y la Internet estaba muy lenta… luego me dio frío y me puse una camisa más abrigada… luego miré las noticias y…".

Por supuesto, estoy exagerando, pero ya entiendes a qué me

refiero. Relata de manera detallada lo que ocurre en tu vida. Al cabo de un par de días podrás mencionar únicamente los acontecimientos más significativos de la jornada. Mejor aún, podrás empezar a expresar tus *sentimientos* con tan solo mencionar "los sucesos del día". Ese proceso de intercambio va a reavivar la unidad con tu pareja, que se sentirá más y más partícipe de tu vida.

También es útil que cada miembro de la pareja visite el lugar de trabajo del otro, si es por fuera de la casa. Con una imagen visual de tu lugar de trabajo tu cónyuge puede hacerse una idea más clara e identificarse mejor con tu realidad. Presenta tu pareja a los colegas cercanos, de tal modo que cuando llegues a casa y digas: "Carlos estaba de muy mal humor", tu cónyuge ya tiene una imagen mental de esa persona y de cómo se vería malhumorado.

Un segundo nivel de comunicación es el de *solución de problemas o toma de decisiones*. Puesto que un capítulo entero se consagra al proceso de toma de decisiones, no explicaré este nivel de comunicación salvo para señalar que es un punto de conflicto frecuente en el matrimonio.

CUANDO AUMENTA LA TENSIÓN

El tercer nivel de comunicación es comunicarse *cuando "la tensión aumenta"*. Cuando crece la tensión emocional, la razón se debilita, los sentimientos se apoderan de la situación y todo termina en un caos. ¿Cómo evitamos una situación caótica y promovemos la unidad en esos momentos de tensión?

Hace muchos años, en un caluroso mes de agosto, mi entonces prometida y yo visitamos al ministro que iba a oficiar nuestra ceremonia de bodas. Comimos una cena bajo un viejo roble y él nos dio el siguiente consejo, que nunca he olvidado: "Cuando estén enojados, tomen turnos para hablar". Pasó luego a explicarnos que yo debía dedicar entre tres y cinco minutos a expresar mis ideas sobre el asunto en cuestión mientras mi esposa escuchaba en silencio (sin interrumpir). Luego ella tendría de tres a cinco minutos para expresar su punto de vista. Este proceso debía prolongarse cuanto fuera necesario.

En aquel día de agosto no logré imaginar para qué podría servirme esa estrategia con la esposa perfecta que Dios me había dado. ¿Por qué habría de enojarme con ella? Esa pregunta no tardó en quedar resuelta y yo me volví experto en "tomar turnos". Desde entonces, he dado el mismo consejo a cientos de parejas. Tomar turnos no soluciona el problema, pero alivia la tensión para que puedan tratarlo.

CÓMO TOMAR TURNOS

Permíteme sugerir otras pautas para tomar turnos. Mientras tu pareja habla, tú debes escuchar. Uno de los grandes descubrimientos de la comunicación es el asombroso poder de un oído atento que sabe escuchar. La mayoría de las personas nunca ha desarrollado al máximo esa habilidad de escucha. Santiago dijo: "Todo hombre sea pronto para oír" (Santiago 1:19). Hablar tiene poco valor a menos que alguien escuche. Cuando tu cónyuge habla es tu turno de escuchar. No te sientes ahí a recargar tus municiones. No vas a poder concentrarte en lo que ella dice al tiempo que intentas organizar tu contraataque. Podrás retomar tus ideas cuando llegue tu turno. No te preocupes por tus ideas. Concéntrate en las de tu pareja.

Presta oído a los hechos y a los sentimientos que tu cónyuge expresa. A la luz de lo que ella está diciendo, trata de entender cómo llegó a sentirse de esa manera. Si puedes entenderlo, el ejercicio de formularlo como una declaración podría servir de medicina eficaz. "Puedo entender por qué te sentirías así; en realidad te entiendo. Permíteme explicar lo que yo hice desde mi punto de vista". En seguida, cada uno exprese por turnos lo que vio desde su propia perspectiva. Como se ha explicado, estén dispuestos a reconocer sus errores cuando realmente se han equivocado. De nada sirve buscarse excusas.

Pregúntate: "¿Qué necesidades tiene mi cónyuge que yo no estoy supliendo?". Tal vez sienta que no has cumplido con ciertas labores que te ha pedido desde hace muchos días, tareas que podrían parecerte poco importantes, pero no a tu pareja.

Hace poco una esposa me dijo: "A mi esposo y a mí nos tomó mucho tiempo llegar a un acuerdo en esto. Asuntos triviales como recoger su desorden, no dejar diarios tirados, poner su plato de helado en el lavaplatos no son importantes para él, pero sí lo son para mí. Detesto tener que pedirle repetidamente que haga esas cosas, y a él le fastidia que yo se lo pida. Al final dije: 'Mira, querido. Esto es importante para mí, y cuando haces estas cosas, me siento realmente amada. De modo que, si quieres que yo me sienta amada, hacer estas cosas es lo que me comunica profundamente tu amor'. No creo que él haya pensado antes en esto desde esa perspectiva. O también él necesita que no lo interrumpan y yo tengo la tendencia a interrumpirlo, porque le toma tiempo expresar sus ideas, como a la mayoría de los hombres, creo. A mí no me *ofende* que me interrumpan. Para mí es algo irrelevante, y puedo retomar la conversación donde quedé. Me gustan las conversaciones donde hay intercambio. En cambio, a él le parece que es falta de respeto. Estoy tratando de mejorar en eso porque para él es algo importante".

El amor es considerado. ¿Qué puedes hacer en lo que depende de ti? Tú tienes la capacidad de satisfacer las necesidades de tu pareja. Si aceptas esto como tu objetivo, estarás cumpliendo la amonestación bíblica de Filipenses 2:3-4: "Nada hagáis por contienda o vanagloria; antes bien con humildad, estimando cada uno a los demás como superiores a él mismo".

DERRIBEN LAS BARRERAS

La imagen de la unidad matrimonial es hermosa, pero lograr plasmarla en la vida real es otra historia. Aunque exige gran creatividad y energía, pocas cosas en la vida son más satisfactorias. En vista de que existen barreras comunes para la comunicación, quiero presentar algunas sugerencias prácticas que podrían aplicarse a tu problema particular.

"NO SE COMUNICA"

Sin duda, la queja más común que reportan las parejas con problemas es que uno de los cónyuges rehúsa comunicarse de manera significativa. Con mayor frecuencia el más callado es el esposo. Sin embargo, sería injusto dar la idea de que es algo característico de los hombres. A muchas mujeres también les resulta más cómodo cerrar su alma a cualquier comunicación. Permíteme decirte primero que esta tendencia a reservarse lo que hay en el interior no debe ser considerada como un desorden mental. He conocido esposos que han admitido su propia reticencia a abrir su corazón a alguien, incluso a sus esposas, y que han permitido que ese problema los lleve a la depresión y a privarse a sí mismos de aquello que necesitan. Han llegado a la conclusión definitiva de que están enfermos mentalmente. Eso no es cierto.

Todos tenemos fortalezas y debilidades en nuestra personalidad. Aunque no podemos corregir el pasado, somos amos de nuestro futuro. Es posible que, por la razón que sea, hayamos desarrollado a lo largo de nuestra infancia una personalidad retraída e interiorizada, pero eso no significa que no podamos aprender a abrir nuestra vida y experimentar el gozo de la unidad con nuestra pareja. Cualquier patrón que se haya desarrollado también puede cambiar. Debemos decidir que la unidad matrimonial bien vale el dolor que supone el cambio. (Y te aseguro que así es).

Un primer paso para la comunicación es hablar con tu cónyuge acerca del problema. Siéntense en un lugar cómodo y en tus propias palabras exprésale: "Mi amor, sé que la unidad de nuestro matrimonio no es lo que pudiera ser. También sé que uno de mis mayores problemas es mi reticencia para hablar contigo. Me guardo las cosas y me cuesta mucho decir lo que realmente siento y pienso. Reconozco que esto te dificulta las cosas porque no puedes leerme la mente. Realmente quiero mejorar en esta área y te pido que me ayudes. No estoy seguro(a) sobre lo que puedes hacer para ayudarme, pero tal vez tengas algunas ideas". Dale a tu pareja la oportunidad de responder a tus palabras. Es posible que tenga algunas ideas para proponerte.

A continuación, dile qué cosas te parece que dificultan ser más abierto en la comunicación. Dile, por ejemplo, que cuando insiste en decirte que "hables más", te resulta más difícil empezar a expresarte. Tal vez tu pareja podría formular preguntas acerca de asuntos específicos. Como dijo un esposo: "Por favor no dejes de hacer preguntas solo porque yo te doy respuestas cortas. En realidad, quiero decir más, pero no puedo dar una respuesta completa con la primera pregunta. Sigue haciéndome preguntas y es muy posible que yo siga hablando".

Tal vez tu cónyuge pueda ayudarte pidiendo tu consejo de vez en cuando. La mayoría de nosotros se dispone más a hablar cuando alguien nos pide un consejo específico, más aún si creemos que la persona realmente lo quiere. También es posible que tu cónyuge desarrolle algún interés en tu vocación o en tus pasatiempos, y así tengan un tema común de conversación. Escuchen juntos un podcast, planeen algún proyecto casero "soñado", tomen una clase virtual juntos. Si es algo que promueve la unidad, es tiempo bien invertido, ¡y de paso pueden aprender algo nuevo!

No obstante, los problemas pueden ser aún más profundos. Quizás haya una herida del pasado que necesita sanar. Si todavía está presente en tus pensamientos, tienes que ser sincero y brindar así la oportunidad a tu cónyuge de hacer las correcciones necesarias. Ninguna falta justifica una vida entera de infelicidad. Deben estar dispuestos a confesar y a perdonar. Si te cuesta mucho expresar el problema de manera verbal, escribe una carta y pide a tu pareja que la lea delante de ti. En seguida, coméntenla. A veces se puede decir por escrito lo que cuesta mucho expresar verbalmente.

Asimismo, tu pareja podría ayudarte examinando su propio estilo de comunicación. Tal vez sea la clase de persona que habla hasta que acapara toda la conversación. Muchas esposas y esposos formulan una pregunta y luego proceden a responderla ellos mismos. El otro siente que sobra. A algunos podría convenirles aplicar el consejo de Santiago: "Todo hombre sea pronto para oír, tardo para hablar, tardo para airarse" (Santiago 1:19). Tal vez has oído la historia de la niña que tenía una tarea sobre Abraham Lincoln. Ella le pidió ayuda a su mamá, y esta, sabiendo que su esposo era experto en el tema de la guerra civil, le dijo: "Pregúntale a tu papá". La respuesta de la niña fue: "Yo no quiero saber *todo eso*".

Si les parece que hablar acerca de otras áreas puede mejorar la comunicación entre ustedes, háganse mutuas confidencias. Después de todo, el tema en cuestión es la comunicación. Lo cierto es que ustedes reconocen su dificultad y buscan ayuda, de modo que toda sugerencia cabe. Quizá tus necesidades sexuales no están siendo satisfechas y has desarrollado una actitud muy negativa hacia tu cónyuge. A pesar de que nunca has tocado el tema, esta constituye una verdadera barrera para tu comunicación en otras áreas. Es hora de hablar al respecto. No sobra y puede ser provechoso.

Para concluir esta conversación acerca de la comunicación, sugiero que oren juntos. No sé si puedan o no orar en voz alta, pero definitivamente pueden orar en silencio. Si oran en silencio, acepten tomarse de la mano mientras oran y cuando hayan terminado, digan "amén".

"TENGO UN MAL CARÁCTER"

La ira descontrolada es definitivamente una barrera para la comunicación. Es difícil, por no decir imposible, comunicarse cuando se está enojado. Sin embargo, la capacidad para enojarse no debe considerarse algo malo. La ira contra la injusticia y la desigualdad es una emoción que produce reformas sociales. Jesús mismo se enojó en una ocasión (Marcos 3:5).

Sin embargo, pocas veces nuestra ira surge por nuestras ansias de justicia, sino que más bien brota de un corazón egocéntrico. Alguien nos rozó de una manera que nos desagradó o no logramos lo que queríamos. Las Escrituras condenan esa clase de ira (Efesios 4:31). Incluso una ira justa puede fácilmente conducir a acciones equivocadas. Por ese motivo, Pablo nos advierte en Efesios 4:26: "Airaos, pero no pequéis". No debemos permitir que la ira nos controle y nos lleve a actuar de manera equivocada.

INCLUSO UNA IRA JUSTA PUEDE FÁCILMENTE LLEVAR A ACCIONES EQUIVOCADAS.

Aunque no tengamos control sobre la emoción de la ira, sí podemos controlar nuestras acciones como respuesta a la ira. Tenemos la capacidad de controlar la ira en lugar de ser controlados por esta. No podemos justificar legítimamente nuestro comportamiento hostil nada más con la excusa de que tenemos "un mal carácter". Todos tenemos nuestro carácter y todos tenemos la responsabilidad de controlarlo.

En los conflictos matrimoniales, ¿cómo debo controlar mi ira? Yo sugiero la sencilla técnica de apartarse un momento para sopesar la situación. Cuando sientas que la ira aparece (todos percibimos cuando esto sucede), toma la decisión de controlarla en ese mismo momento. Una sencilla declaración como: "Puedo sentir que me estoy enojando. No quiero enojarme y sé que tú no quieres que me enoje. Te propongo que dejemos de hablar acerca de esto hasta que tenga mis emociones bajo control". (No digo que sean días, sino quizás unos minutos o a lo sumo algunas horas). La amonestación bíblica es: "No se ponga el sol sobre vuestro enojo" (Efesios 4:26). No se trata de eludir el conflicto, sino de tomar distancia provisional con el propósito de controlar las emociones.

Cuando tomas distancia de la fuente de tensión, examina tus pensamientos, acciones y sentimientos con la ayuda de Dios. Nunca intentes hacerlo solo, porque llegarás a las conclusiones equivocadas. Una oración apropiada puede ser: "Señor, ¿por qué me enoja tanto este asunto?". Reconoce y confiesa los motivos egoístas, las actitudes equivocadas o cualquier otra falta, primero a Dios y luego a tu cónyuge.

Después de apaciguar las emociones, vuelve a hablar acerca del problema, tal vez usando la estrategia de tomar turnos que expuse anteriormente. Hay respuestas para todos los problemas. Dar rienda suelta a tu ira con palabras ásperas e hirientes o maltrato físico solo complica el problema. Nunca lo soluciona.

También es posible que la ira ponga en evidencia un área de la relación que requiere atención. Si respondes de manera constructiva, esto puede estimular el crecimiento hacia la unidad. Si, en cambio, permites que la ira te controle, esto conducirá a la separación, no a la unidad. La ira siempre separa. Controlar la ira puede acercarlos más.

"QUÉ EGOÍSTA ES"

Alguien dirá: "Pero mi esposo es un egoísta. Y cuando se comunica, solo lo hace para exigir lo que quiere. Yo siempre estoy equivocada. Su idea de comunicación es: 'Siéntate y déjame decirte cómo van a ser las cosas'".

El egoísmo es la barrera más grande para la unidad, y todos padecemos de este mal. Somos nuestro peor enemigo para alcanzar la unidad matrimonial. Por naturaleza nos inclinamos en la dirección opuesta: "Mi lado siempre me parece correcto. De lo contrario, no sería mi lado. No creerás que yo escogería el lado equivocado, ¿o sí?".

Lo que puede ayudarnos en ese punto es ser conscientes de nuestra naturaleza humana. Reconocer esta grieta en nuestra armadura nos ayudará a evaluar cada situación de manera más realista. Puedo esperar que voy a ser egoísta porque esa es mi naturaleza. No obstante, como cristiano tengo una nueva naturaleza, la presencia misma y real del Espíritu Santo en mi vida. Por consiguiente, puedo elegir. No tengo que inclinarme a mi vieja naturaleza egoísta. Tengo la opción de elegir cooperar con el Espíritu Santo para ser desinteresado.

Lo opuesto al egoísmo es el amor, amor bíblico, que es abnegado e incondicional. Este es el regalo más grande que tengo para ofrecer a mi pareja. Sin embargo, solo soy libre para ofrecer esa clase de amor cuando he *decidido no admitir el egoísmo en mi vida.* Esa es una decisión personal.

Es cierto que no puedes tratar el egoísmo de tu pareja. Solo puedes tratar con tu propio egoísmo. A pesar de eso, si enfrentas tu propio egoísmo, le ofreces a tu pareja un ejemplo que puede seguir. (La mayoría de las personas respondemos de manera favorable a un ejemplo amoroso). Cuando dejas de combatir el egoísmo de tu cónyuge, eres libre para concentrarte en vencer tu propio egoísmo.

"NO QUIERO LASTIMAR A MI CÓNYUGE"

Muchos esposos y esposas han evitado expresarse porque temen herir a su pareja. Han creído que, si hablan con franqueza, su cónyuge no podría soportarlo. De modo que se contentan con vivir en una unidad limitada por temor a fracturar la relación. La intención es noble, y la mayoría de nosotros hemos sentido esta tensión en algún momento. Sin embargo, no podemos crecer y madurar en nuestra relación a menos que asumamos responsabilidades adultas que, en ocasiones, resultan complejas y exigentes.

No digo que debas lanzarle a tu cónyuge todo tu historial de infortunios treinta minutos antes de la cena del viernes. Hay que elegir el lugar y la hora con sumo cuidado. También debe tenerse en cuenta el principio de la comunicación constructiva, a diferencia de la explosión destructiva. Romanos 14:19 sugiere: "Así que, sigamos lo que contribuye a la paz y a la mutua edificación". Como hemos visto, la palabra *edificar* significa "construir". El objetivo para tener en mente con absoluta claridad es edificar a tu pareja. "El amor edifica" (1 Corintios 8:1).

No busco alentarte a vaciar toda tu basura negativa en la cabeza de tu pareja en aras de la sinceridad. El plan cristiano es hablar la verdad en amor (Efesios 4:15), y el amor edifica. Hablamos la verdad, pero también buscamos expresarla de tal modo que edificamos en lugar de destruir al otro.

Una buena pregunta que cabe formularse es: "¿Cuál es mi motivación para decir esto?". ¿Haces lo que haces movido por un corazón amargado que quiere ser vengativo? Entonces está mal y traerá separación en vez de unirlos. Todos abrigamos en ocasiones pensamientos y sentimientos negativos contra nuestra pareja. La sinceridad no nos obliga a expresar todos estos sentimientos. Debemos permitir que esos sentimientos pasen por el filtro de la "edificación". Si sirven como elementos que edifican, ¡grandioso! Si resultan ser bombas, desactívalas antes de que hayas destruido precisamente lo que más quieres.

> **UNA BUENA PREGUNTA QUE CABE FORMULARSE ES: "¿CUÁL ES MI MOTIVACIÓN PARA DECIR ESTO?".**

Dicho esto, quiero recordarte que ciertos aspectos de la edificación mutua son dolorosos. El crecimiento personal no está exento de dolor. Y el amor genuino se ofrece para estimular el crecimiento aun cuando debe ir acompañado de dolor. Nadie disfruta el dolor, y es probable que a tu cónyuge no le alegre que expreses la verdad, pero si ese dolor trae crecimiento, vale la pena. La cirugía nunca es un prospecto placentero, pero el resultado puede ser vida. Todos necesitamos en el camino una cirugía emocional, social y espiritual, y bien podría ser que nuestro cónyuge sea el cirujano elegido.

Sin duda desearás expresar tus propias decepciones y frustraciones. No siempre se está feliz o satisfecho. Un matrimonio maduro proveerá aceptación aun cuando uno de los miembros de la pareja está "decaído". En ese momento no hay lugar para la crítica, sino más bien para la aceptación y el entendimiento.

Nunca uses la "sinceridad" como una licencia para desahogar toda tu infelicidad y culpar a tu pareja. Recuerda que la felicidad o la infelicidad son un estado mental que tú mismo eliges. Aunque puede ser propiciado o estorbado por las actitudes y las acciones de tu pareja, la decisión es tuya.

Al mismo tiempo, no debes sobreproteger a tu cónyuge. Lo que tu pareja necesita no es otra mamá ni otro papá, sino un compañero en todo el sentido de la palabra, que lo ame lo suficiente para hablarle la verdad en amor.

Dosifica tu medicina con cuidado. Evita una sobredosis. Nadie puede enfrentar todas sus debilidades en un solo día. La medicina debe tomarse a intervalos determinados y con pausas, no toda a la vez. Busca el momento más propicio, nunca cuando alguno tiene hambre ni tarde en la noche. Pídele a tu cónyuge si estaría dispuesto a recibir un poco de crítica constructiva. No la des a menos que esté listo. Asegúrate de que tu crítica sea algo que aliente en tu cónyuge una respuesta positiva.

Acompaña tu crítica con halagos. El modelo bíblico para la crítica está expuesto en Apocalipsis 2:2, 4. Cristo dijo a la iglesia en

Éfeso: "Yo conozco tus obras, y tu arduo trabajo y paciencia… Pero tengo contra ti, que…". Pasa en seguida a comunicarle una crítica.

El patrón es tres halagos por cada reclamo. Resulta útil que los halagos y la crítica pertenezcan a la misma área. Sin embargo, antes de comunicar la crítica, espera que el otro tome la iniciativa de confrontar algún problema. Por ejemplo, digamos que mi esposa quiere criticarme porque dejo pelos en el lavamanos. Ella podría empezar diciendo: "Querido, ¿estarías dispuesto a recibir una crítica constructiva esta noche?". Con esto ella me da la opción de responder "sí" o "no". Si digo "no", casi puedo garantizarte que, en menos de media hora, voy a regresar a preguntarle: "Respecto a la crítica que mencionaste, ¿qué tenías en mente? Me da mucha curiosidad". Y ella dice: "No, podemos esperar hasta mañana o incluso la próxima semana. Ya me dirás cuándo te sientas bien para escucharla". Yo probablemente diré: "Ya me siento mejor".

Así pues, ella empieza, con halagos: "Antes de hacer mi solicitud, permíteme decirte algunas cosas que me gustan de ti. En primer lugar, agradezco mucho que siempre depositas la ropa sucia en la canasta. He hablado con otras mujeres que se quejan de sus esposos porque dejan su ropa tirada por toda la casa. Tú nunca has hecho eso. En segundo lugar, aprecio que hayas quitado anoche los insectos del parabrisas. Me encanta cuando quitas los bichos de mi parabrisas. Y en tercer lugar, quiero que sepas lo mucho que aprecio el hecho de que sin aspavientos te haces cargo de los pagos en línea para que nunca nos atrasemos. Lo que quiero decir es que 'en verdad me agradas' y hay una cosa, que si la cambias, me haría aún más feliz".

En ese momento, ella tiene toda mi atención, y puesto que me siento halagado por sus palabras, estoy dispuesto a recibir su sugerencia. Entonces ella dice: "Cuando voy al baño y encuentro pelos por todo el lavamanos, eso me molesta mucho. Así que, en la medida de lo posible, me gustaría pedirte que antes de salir del baño quitaras los pelos del lavamanos".

Debo confesar que esta conversación no es ficción, y que yo soy un limpiador de lavamanos insuperable.

Los halagos me brindan la seguridad de no sentirme un fracasado. En esencia, comprendo que hago un buen trabajo y me siento motivado a seguir mejorando. En cambio, si me expresas una crítica sin los halagos, es posible que me dé por vencido. Lo más probable es que eso llegue a pensar: "Hago todo lo posible por agradarle, ¡y esto es lo que recibo! ¡Otra crítica! ¡Me doy por vencido!".

"SÉ QUE ME FALTA CONFIANZA EN MÍ MISMO(A)"

Muchos batallamos con profundos y persistentes sentimientos de insuficiencia, a pesar de que por fuera aparentemos gran confianza y competencia. Miramos en retrospectiva una serie de fracasos y nos resulta difícil recordar nuestros aciertos. En cada encuentro social nos sentimos amenazados. De ahí que, cuando llegamos al matrimonio, nos resulte difícil expresar nuestras ideas, por miedo a más rechazo y fracaso. James Dobson comenta que "la falta de autoestima produce más síntomas de desórdenes psiquiátricos que cualquier otro factor que haya sido identificado hasta ahora".[1] Él señala que el sistema de valores de nuestra cultura exalta la belleza, la inteligencia y la habilidad deportiva.[2] Si hemos fallado en esas tres áreas (que en gran parte están por fuera de nuestro control), nos consideramos un fracaso.

---

1. James Dobson, *The New Hide and Seek: Confidence in Your Child* (Grand Rapids: Revell, 1999), 195.
2. Ibíd., 17-53.

No obstante, tu concepto de ti mismo podría estar equivocado. Puede que no seas una admirada figura pública, un trotamundos o un egresado de una universidad prestigiosa, ni ser capaz de correr una maratón. ¿Qué opciones te quedan? Ser como el resto de los mortales que están hechos a imagen de Dios. Cientos de personas a tu alrededor han batallado con los mismos sentimientos de insuficiencia y los han vencido. Tú también puedes lograrlo.

Por supuesto que tienes debilidades. Por supuesto que has fallado. Pero también tienes fortalezas y has tenido éxito en muchas áreas. Tal vez no seas capaz de pasar el examen de admisión para ingresar a la escuela de medicina, pero sabes cómo montar una página de redes sociales y hacerla funcionar. Puede que no te veas como la persona más esbelta, pero eres extrovertido y agradable, y posees una aptitud artística sobresaliente. Tus habilidades no son las mismas que otros poseen, y tampoco debe ser así. Dios no maneja una fábrica de galletas que nos hace a todos iguales. Es una fábrica de copos de nieve que se destaca por su variedad.

Sé la mejor versión de ti mismo bajo la dirección de Dios. Utiliza tus habilidades; no te preocupes por aquellas cosas que están fuera de tu control. Eres una persona con dignidad porque estás hecho a imagen de Dios. Tu valor no depende de lo que has hecho o no has hecho. Tú puedes alcanzar metas nobles. No te dejes manipular por tus emociones. Reconoce tus sentimientos de insuficiencia delante de Dios y también dale gracias porque "todo lo [puedes] en Cristo que [te] fortalece" (Filipenses 4:13).

¿Cómo puede alguien ayudar a su cónyuge que sufre de baja autoestima? Animándolo a aceptar el pasado y a enfocarse en el futuro, y con la seguridad del amor y el interés genuinos. De eso se trata el matrimonio. No tenemos que llevar solos nuestras cargas

(Gálatas 6:2). James Dobson describe una imagen conmovedora de esa clase de apoyo entre esposos:

La vida ha sido dura y ya has tenido tu parte de sufrimiento. Hasta ahora has enfrentado tus problemas sin mucha ayuda humana y has tenido momentos en los que tu desaliento ha sido abrumador. Permíteme ayudarte a llevar esa carga. A partir de ahora me ocupo de ti como persona, como alguien que merece y tiene todo mi respeto. Quiero que en la medida de lo posible dejes de preocuparte por tus problemas. En lugar de eso, confíamelos. Nos enfocaremos en el presente y en el futuro, y juntos buscaremos las soluciones adecuadas.[3]

Con ese tipo de palabras, un cónyuge le comunica a su pareja aceptación, amor, comprensión, ánimo y dirección. Invita a una actitud positiva en vez de desesperanza. Esta es siempre la actitud que conduce al crecimiento.

A MODO DE CONCLUSIÓN

Una comunicación saludable y significativa es una necesidad, no un lujo. No puede existir unidad sin una buena comunicación. Las barreras comunicativas son enormes, pero no invencibles. La clave es que tengas la voluntad de comunicarte. Motivado por la visión de la unidad matrimonial debes tomar la decisión de comunicarte de manera amorosa y reflexiva. No siempre será fácil, pero el resultado será una relación más rica y profunda.

---

3. Ibíd., 196.

MANOS A LA OBRA

1. Anota las áreas en las que sientes que más falta comunicación en tu matrimonio.

2. ¿Estarías dispuesto(a) a preguntar a tu pareja si quisiera apartar un tiempo diariamente para que cada uno relate dos o tres sucesos del día y cómo se sienten al respecto? Aunque sean solo quince minutos, esto les ayudará a permanecer en contacto.

3. Cuando enfrenten el próximo conflicto, intenten "tomar turnos para hablar", en lugar de interrumpirse y discutir.

4. ¿Estarían de acuerdo en que cada vez que alguno se siente enojado y empieza a perder la calma dirá: "Necesito dar una vuelta" y el otro respetará esa decisión como una medida positiva? (No den una vuelta demasiado larga. Treinta minutos deberían bastar para calmarse).

5. Cuando escuches a tu pareja, ¿podrías concentrarte en intentar comprender su punto de vista en lugar de preparar un contraataque para desarmar sus ideas?

CAPÍTULO CINCO

¿Quién se encarga de cada cosa?

AMALIA Y DANIEL acaban de llegar de su luna de miel en Maui. Ambos han regresado al trabajo y están emocionados por su primer encuentro juntos en su nuevo apartamento. Amalia llega treinta minutos antes que Daniel y, después de saludar al gato, decide empezar a preparar la cena, ¡su primera cena de casada! Antes que el agua empiece a hervir, Daniel entra por la puerta, va directo a la cocina, alza a Amalia y le da un fuerte abrazo y un apasionado beso. Amalia apenas se ha repuesto y él está ya en su teléfono jugando.

Cuando la cena está lista, ella lo llama y él se acerca de inmediato diciendo: "¡Huele delicioso!". Acto seguido, conversan como de costumbre, principalmente acerca de los comentarios de algunas amistades en la oficina, y termina la cena. Daniel se retira y sale aprisa para ver un partido de baloncesto de la liga nacional, mientras Amalia procede a recoger la mesa y limpiar los platos. Luego se reúnen y pasan una noche de ternura.

La noche siguiente el procedimiento es muy similar al anterior.

La tercera noche presenta el tercer acto de la obra (idéntico al primer y el segundo actos). Para entonces, Amalia mira detenidamente a Daniel, quien conversa despreocupadamente por teléfono con su hermano acerca de las opciones del equipo de Carolina del Norte para este año. Tan pronto cuelga, ella está lista y se desahoga.

Daniel queda desconcertado. ¿Qué hizo mal? Y protesta: "Pero si te gusta cocinar. Siempre lo has dicho. Cocinabas para mí cuando salíamos juntos". Lo que Daniel no explica es que su madre, un ama de casa a tiempo completo, siempre se encargó de los deberes culinarios (y de todo lo relacionado con el hogar), mientras su padre se retiraba a su estudio.

Y lo que Amalia no explica es que en sus años de crianza su papá, un ilustrador que trabajaba desde su casa, se encargaba de muchas tareas domésticas al igual que su madre, que era gerente de un almacén. Ni ella ni Daniel podían expresar adecuadamente esas expectativas. Simplemente fue lo que observaron en sus años de crianza y, por consiguiente, cada uno daba por hecho que la suya era la manera "correcta" de hacer las cosas.

La historia de Amalia y Daniel pone en evidencia lo que sucede en la mayoría de los hogares en los primeros tres meses de matrimonio, cuando la pareja se da cuenta de que nunca acordaron dar una respuesta a la importante pregunta: "¿Cómo nos distribuimos las tareas domésticas?". Aun en el mundo actual, en algún punto alguien tiene que limpiar el desorden de otros. Alguien tiene que encargarse de pagar el alquiler. En aras de la convivencia, la vida funciona mejor si cada cónyuge se encarga de ciertas tareas por acuerdo mutuo, en lugar de tener que renegociar constantemente como, por ejemplo: "Esta semana yo iré al supermercado si tú limpias la caja de desechos del gato". Por lo general, las generaciones pasadas dividieron las responsabilidades de manera muy tradicional, pero a medida que las mujeres se incorporaban más y más a la fuerza laboral y que las ideas culturales cambiaban, la imagen del papá que lee el periódico mientras la mamá aspira debajo de sus pies desapareció junto con la televisión en blanco y negro.

CÓMO EVALUAR LAS SUPOSICIONES

Incluso hasta el día de hoy, la mayoría de nosotros trae ciertas suposiciones a la "mesa" matrimonial: Los hombres (o así suponemos) reparan artefactos, matan los insectos, asan en la parrilla y se encargan de todo lo relacionado con los autos o la basura. Las mujeres mantienen la casa agradable, hacen labores menores como limpiar la estufa, se aseguran de que haya jabón en la ducha y se encargan de asuntos mayores como tomar las decisiones finales acerca de la decoración. Las mujeres también tienen a su cargo la agenda familiar, organizan los eventos sociales y saben dónde y a qué hora deberían estar los hijos en determinado momento.

¿Cómo, pues, se organizan estas suposiciones? Se podrían eliminar muchos conflictos si antes del matrimonio la pareja se tomara el tiempo de conversar al respecto y se pusiera de acuerdo acerca de las responsabilidades de cada uno. Por lo general, el problema no es la incapacidad de ponerse de acuerdo sobres las responsabilidades

> **POR LO GENERAL, EL PROBLEMA NO ES LA INCAPACIDAD DE PONERSE DE ACUERDO SOBRE LAS RESPONSABILIDADES DE CADA UNO, SINO LA FALTA DE COMUNICACIÓN ACERCA DE ELLO.**

de cada uno, sino la falta de comunicación acerca de ello. Aun las parejas experimentadas pueden beneficiarse de una evaluación periódica en la que examinan si su manera de distribuirse las tareas está funcionando (¡o si una tarea en particular es realmente necesaria!).

Sin embargo, primero tenemos que volver a nuestra idea de unidad en el matrimonio, que es el plan de Dios.

ADÁN Y EVA: UN EQUIPO

En el principio, Dios delegó una misión a Adán y a Eva: "Y los bendijo Dios, y les dijo: Fructificad y multiplicaos; llenad la tierra, y sojuzgadla, y señoread en los peces del mar, en las aves de los cielos, y en todas las bestias que se mueven sobre la tierra" (Génesis 1:28).

Tanto el esposo como la esposa tenían un trabajo asignado. Dios los había llamado a multiplicarse físicamente y a gobernar o señorear sobre la tierra y todas sus criaturas. Ambos estaban llamados a ser parte del cumplimiento del objetivo, aunque obviamente no podían desempeñar el mismo papel. Aunque la mujer era la portadora física de los hijos, el hombre desempeñaba un papel vital en ese proceso. El modelo divino es la unidad. El plan de Dios es siempre que el esposo y la esposa trabajen en equipo. El nacimiento exige mucho trabajo físico y constituye un modelo para los demás aspectos de la vida.

Del mismo modo que la reproducción física exige el trabajo cooperativo de la pareja de esposos, cada uno jugando un papel diferente pero necesario y cada uno trabajando juntos como una unidad, en todas las demás áreas el modelo consiste en ejercer diversas responsabilidades con un mismo propósito. Los jugadores de un equipo deportivo no llevan a cabo las mismas tareas, pero sí se trazan el mismo objetivo. Asimismo, aunque el esposo y la esposa no desempeñan papeles idénticos, trabajan en pos de un objetivo común como un equipo delegado por Dios.

En Génesis 3 encontramos una alusión a la diversidad de roles de Adán y de Eva. Allí, Dios decreta juicio sobre ellos por su pecado:

> A la mujer dijo: Multiplicaré en gran manera los dolores en tus preñeces; con dolor darás a luz los hijos; y tu deseo será para tu marido, y él se enseñoreará de ti. Y al hombre dijo: Por cuanto obedeciste a la voz de tu mujer, y comiste del árbol de que te mandé diciendo: No comerás de él; maldita será la tierra por tu causa; con dolor comerás de ella todos los días de tu vida. Espinos y cardos te producirá, y comerás plantas del campo. Con el sudor de tu rostro comerás el pan hasta que vuelvas a la tierra, porque de ella fuiste tomado; pues polvo eres, y al polvo volverás (Génesis 3:16-19).

El juicio de Dios sobre Eva tenía que ver con dolor en el alumbramiento. El parto era indudablemente un papel exclusivo de Eva. Este juicio no afectó el papel del hombre en el proceso reproductivo. Cuando Dios decretó un juicio específico sobre Adán, eligió la tierra, porque Adán era agricultor. Los espinos y los cardos le harían difícil la tarea de cultivar la tierra.

Ambos juicios sirven de recordatorio permanente de los resultados del pecado, y cada juicio fue personalizado. Es decir, Eva experimentaba el juicio en el cumplimiento de su papel exclusivo y Adán enfrentaba a diario el juicio en los campos al llevar a cabo su responsabilidad primordial de proveer sustento para su familia.

Si Eva iba a cumplir su papel para lograr el objetivo de Dios ("fructificad y multiplicaos"), obviamente no iba a poder encargarse de labrar los campos. Puesto que el papel de Adán en la reproducción era diferente, tenía la libertad de enfocar sus energías en el segundo aspecto del objetivo divino, el de señorear sobre la tierra y tener dominio sobre las otras criaturas vivientes. Por tanto, la mujer se encargaba de la crianza de los hijos y el hombre, de la provisión para la familia.

Estos roles no deben considerarse categorías herméticas. Cualquier conocedor de economía agraria sabe que la esposa del agricultor juega un papel vital en el éxito de una granja. De igual modo, Adán tenía ciertamente responsabilidades relacionadas con la crianza. El énfasis bíblico en la crianza de los hijos siempre recae sobre "los padres" en general, no sobre "las madres" en particular. Lo que encontramos en este capítulo es una introducción a la idea de las diversas responsabilidades al interior del matrimonio, con un énfasis en el trabajo en equipo para el logro de dichos objetivos.

EL TRABAJO, LA FAMILIA Y LA TOMA DE DECISIONES

Por otro lado, tenemos el conocido pasaje de la mujer de Proverbios 31:

> Mujer virtuosa, ¿quién la hallará?
> Porque su estima sobrepasa largamente a la de las
>   piedras preciosas.
> El corazón de su marido está en ella confiado,
> Y no carecerá de ganancias.
> Le da ella bien y no mal
> Todos los días de su vida.
> Busca lana y lino,
> Y con voluntad trabaja con sus manos.
> Es como nave de mercader;
> Trae su pan de lejos.

Se levanta aun de noche
Y da comida a su familia
Y ración a sus criadas.
Considera la heredad, y la compra,
Y planta viña del fruto de sus manos.
Ciñe de fuerza sus lomos,
Y esfuerza sus brazos.
Ve que van bien sus negocios;
Su lámpara no se apaga de noche.
Aplica su mano al huso,
Y sus manos a la rueca.
Alarga su mano al pobre,
Y extiende sus manos al menesteroso.
No tiene temor de la nieve por su familia,
Porque toda su familia está vestida de ropas dobles.
Ella se hace tapices;
De lino fino y púrpura es su vestido.
Su marido es conocido en las puertas,
Cuando se sienta con los ancianos de la tierra.
Hace telas, y vende,
Y da cintas al mercader.
Fuerza y honor son su vestidura;
Y se ríe de lo por venir.
Abre su boca con sabiduría,
Y la ley de clemencia está en su lengua.
Considera los caminos de su casa,
Y no come el pan de balde.
Se levantan sus hijos y la llaman bienaventurada;
Y su marido también la alaba (vv. 10-28).

Nadie que lea este pasaje podría concluir que el papel de la esposa se limita a la crianza de los hijos. Aun así, algo es evidente: Para esta esposa, el "centro de gravedad" era su casa. Ella participaba en numerosas y variadas actividades: coser, cocinar, comprar campos, sembrar viñedos, fabricar y vender lino y vestidos, cuidar de los pobres y necesitados y hablar con sabiduría y bondad. Es indudable que esta esposa aportaba económicamente al hogar. No obstante, todas estas labores apuntaban al bienestar de su familia: su esposo (vv. 11-12), sus hijos (vv. 15, 21, 27) y ella misma (v. 22).

¿Qué resultados producía ese tipo de vida? "Se levantan sus hijos y la llaman bienaventurada; y su marido también la alaba" (v. 28).

Yo creo que esta es la imagen que Pablo tenía en mente cuando ordenó que las ancianas instruyan a las mujeres más jóvenes a ser "cuidadosas de su casa" (Tito 2:5). Esto no significa que la esposa cristiana deba limitarse únicamente a ciertos deberes domésticos, pero sí que su familia debe ser el eje central de todas sus actividades. Cuando ella enfrenta una decisión acerca de una nueva responsabilidad, las preguntas deberían ser siempre: ¿Cómo afectará esto a mi familia? ¿A mi esposo? ¿A mis hijos? ¿A mí misma? ¿Nuestras relaciones familiares?

Sin embargo, es importante aclarar que estas convicciones se viven de manera diferente en cada familia. En este sentido, muchas mujeres trabajadoras hacen enormes sacrificios, desde la profesional que opta por un trabajo desde casa por cuenta propia (a un costo considerable para los ingresos familiares) hasta la madre que llega a casa en la noche después de una larga jornada como trabajadora de la salud y pasa horas ayudando a los hijos con sus tareas, aplazando su propio descanso. En la incierta economía actual, las parejas se ven forzadas a tomar decisiones difíciles en las que alguno puede experimentar desempleo o fracaso en su pequeño negocio. Aunque estos desafíos pueden afectar seriamente a un matrimonio, como hemos visto, un compromiso con la unidad de la pareja puede sacarla adelante.

Asimismo, debemos tener en cuenta las muchas referencias a las mujeres "trabajadoras" en el Nuevo Testamento: Priscila la tejedora de tiendas a quien encontramos en Hechos y luego en Romanos, 1 Corintios y 2 Timoteo; Lidia la "vendedora de púrpura" (Hechos 16:14); y no olvides a las mujeres que, como nos dice Lucas 8, viajaron y aportaron económicamente al ministerio de Jesús y de los doce.

¿Qué podemos decir de las responsabilidades del esposo? Primera de Timoteo 5:8 dice: "Porque si alguno no provee para los suyos, y mayormente para los de su casa, ha negado la fe, y es peor que un incrédulo". En su contexto, este pasaje trata acerca de la responsabilidad de un hombre de cuidar de las viudas de su familia, pero es indiscutible que si es responsable de las viudas, también lo es de su familia inmediata.

DIOS EL PROVEEDOR

Jesús, por supuesto, se refiere una y otra vez a Dios como su Padre. Esta es la imagen que presenta de Dios como proveedor:

> ¿Qué hombre hay de vosotros, que si su hijo le pide pan, le dará una piedra? ¿O si le pide un pescado, le dará una serpiente? Pues si vosotros, siendo malos, sabéis dar buenas dádivas a vuestros hijos, ¿cuánto más vuestro Padre que está en los cielos dará buenas cosas a los que le pidan? (Mateo 7:9-11).

Si fueras a describir el papel de Dios como Padre en una sola palabra, ¿qué palabra elegirías? Yo elegiría *Proveedor*. Todas las cosas que pertenecen a la vida y a la piedad nos han sido dadas por su divino poder (2 Pedro 1:3). Él no solo ha dado vida, sino que sustenta la vida y suple todas nuestras necesidades.

Eso no significa que la esposa no tome la iniciativa ni asuma la responsabilidad de proveer para su familia. Proverbios 31 descarta esa idea. Aunque el esposo y la esposa son un equipo y trabajan juntos, el modelo bíblico es que el esposo asuma la responsabilidad básica de suplir las necesidades físicas de su familia.

MADRES TRABAJADORAS Y PADRES DEDICADOS

En los últimos años, con los cambios económicos y la incertidumbre laboral, las mujeres han llenado cada vez más el vacío salarial dejado por aquellos esposos que luchan contra el desempleo o el subempleo. Dios les dará fuerzas y gracia a esas esposas. No obstante, en ese caso, la esposa deberá procurar que su esposo reconozca su papel en la relación y seguir respetándolo y alentándolo. Recuerda que el esposo y la esposa son un equipo y todos los miembros de ese equipo deben distribuirse las responsabilidades.

De igual modo, en los últimos años nos hemos vuelto mucho más conscientes de la importancia de los padres comprometidos y dedicados, y el costo que acarrea su ausencia para la familia y la sociedad. Un esposo mayor expresaba hace poco esta reflexión: "Cuando era niño, mi papá siempre estaba en viaje de negocios. No hacía nada en la casa y no se involucraba mucho en mi vida ni en la de mi hermano, salvo para llevarnos de paseo de vez en cuando, como ir al circo. Yo me propuse que, al convertirme en adulto, sería diferente con mi propia familia". Muchos hombres mayores e incluso jóvenes han expresado la misma determinación.

Aunque el papel físico que desempeña la madre en la crianza y en el cuidado de los hijos es esencial, también necesitan la presencia emocional del padre. El niño necesita de ambos padres, y el padre debe estar tan involucrado como la madre en el bienestar del hijo. La formación y la educación de los hijos no puede delegarse únicamente a la madre. Muchos padres cristianos cometen este error fatal. El esposo y la esposa son miembros de un equipo y deben funcionar como compañeros de equipo.

Hoy, por supuesto, la mayoría de las esposas trabaja por fuera del hogar. Antes de la llegada de los hijos es relativamente fácil negociar un acuerdo entre los esposos acerca de la justa distribución de las responsabilidades. Aprovechando cada uno de sus intereses y fortalezas, pueden acordar quién se hace cargo de cada cosa. En ocasiones deciden "ayudar" al otro en sus tareas asignadas, y el amor entre los dos fluye de manera libre.

Sin embargo, cuando llegan los hijos, la dinámica es completamente nueva. En primer lugar, los hijos requieren un cuidado intensivo. A excepción de las horas de sueño, necesitan una supervisión constante. Cada etapa de la infancia presenta áreas adicionales de responsabilidad en la crianza. ¿Cómo adaptamos todas estas responsabilidades a la meticulosa organización que había funcionado antes de la llegada de los hijos? La realidad es que no es posible. Los hijos exigen un contrato de responsabilidades completamente nuevo. Hay que volver a la mesa de negociaciones y llegar a un acuerdo justo y equitativo que le permita a ambos funcionar como equipo, utilizando sus fortalezas para llevar a cabo las tareas que ambos desean, a saber, ser buenos padres y también mantener un matrimonio saludable.

EN BUSCA DEL EQUILIBRIO

Hace poco pasé tiempo con Juan y Elena, que están en la treintena y tienen tres hijos. Él es médico y ella enfermera, aunque solo trabaja a tiempo parcial desde la llegada del primer hijo. Yo les pregunté:

—¿Cómo negociaron entre ustedes las responsabilidades de la crianza y la administración del hogar?

Juan sonrió y dijo:

—A veces me temo que no lo hacemos muy bien.

Elena asintió y añadió:

—Lo hacemos mucho mejor ahora que cuando teníamos un solo hijo. Nuestro primer bebé cambió nuestras vidas de manera tan dramática que yo no lo podía creer. Yo había planeado volver a trabajar a tiempo completo cuando el bebé tenía tres meses, pero para ser franca, y creo que fue mi instinto maternal, sencillamente no podía salir de casa y dejar a mi bebé cada mañana. Fue entonces que Juan y yo acordamos que yo trabajara a tiempo parcial, pero aun así tuvimos que pulir muchos detalles. Cuando los niños estaban en edad preescolar, teníamos a alguien que los cuidaba en nuestra ausencia. Ahora que todos están en la escuela, yo organizo mi horario de tal modo que pueda estar en casa cuando los niños llegan en la tarde. Juan ha sido maravilloso ayudando con todas las tareas del hogar.

Juan añadió:

—Nunca imaginé lavar ropa ni limpiar el inodoro, pero debo reconocer que hacerlo me da una gran satisfacción, y sé que Elena valora realmente lo que hago.

—En ocasiones él también cocina, lo básico —dijo Elena.

—¡Las hamburguesas y los perros calientes me quedan deliciosos! —dijo Juan—. Incluso intenté preparar macarrones la otra noche, y me quedaron bastante bien. Nuestro mayor reto es encontrar tiempo para los dos —continuó—. Quiero participar en la vida de mis hijos y creo que lo hacemos bastante bien. Sin embargo, nos parece que no pasamos suficiente tiempo juntos a solas. Nos esforzamos y a veces nos toca tomar decisiones difíciles. Por ejemplo, el fin de semana pasado cancelé una conferencia médica para que los dos pudiéramos pasar un fin de semana juntos. Mis padres vinieron a cuidar a los niños. Fue maravilloso pasar tres días solo los dos.

¿QUIÉN ES EL MÁS CALIFICADO?

Era evidente que Juan y Elena tenían una visión de trabajo en equipo. Y aunque era un desafío continuo, en todo se esforzaban por involucrarse en las vidas de sus hijos y nutrir su matrimonio.

Como equipo, el esposo y la esposa deben trabajar juntos, bajo Dios, para determinar los papeles que desempeñará cada uno y de ese modo lograr los propósitos de Dios para su unión. Los papeles específicos varían de una familia a otra y, en ocasiones, pueden cambiar en la misma familia, pero los papeles deben convenir a cada miembro de la pareja. Aceptar los diferentes roles no destruye la identidad, sino que la enriquece. Como pareja, el esposo y la esposa caminan juntos hacia el objetivo acordado.

En mi opinión, deben tenerse en cuenta los dones y las capacidades de los miembros de la pareja a la hora de distribuir las responsabilidades de cada uno. Puede que uno sea más calificado que el otro. Dado que están en el mismo equipo, ¿por qué no usar el jugador mejor calificado en determinada área? En mi caso, me resulta aterrador imaginar el caos que resultaría si yo comprara los víveres. Esa es la especialidad de mi esposa y ella es la más calificada para hacerlo. Sin embargo, en otras parejas es posible que el esposo sea el más dotado para esa tarea.

Nada de lo anterior debe suponer que cuando un cónyuge acepta una responsabilidad, el otro nunca deba ayudar con ello. Digamos que un esposo acepta la responsabilidad de aspirar el piso cada jueves. Esto no significa que la esposa nunca deba ayudarlo. El amor quiere ayudar y lo hace con frecuencia. Lo que sí supone la aceptación de responsabilidades es que si la esposa no ayuda al esposo con la tarea de aspirar el piso, el esposo no se sentirá ofendido. Él no espera que ella lo haga porque es su responsabilidad. Si ella ayuda, él lo toma como un acto de amor, como de hecho lo es.

A MODO DE CONCLUSIÓN

Las Escrituras no dictaminan cómo resolver discusiones acerca de quién se encarga de qué cosa, pero sí nos alienta a *ponernos de acuerdo* en una respuesta. Amós preguntó una vez: "¿Andarán dos juntos, si no estuvieren de acuerdo?" (3:3). La respuesta es: "No, no andarán muy lejos ni andarán muy bien". Aunque llegar a un acuerdo sobre las responsabilidades es un asunto relativamente sencillo, si se pasa por alto, problemas pueden acumular y luego estallar como la lava de un volcán.

MANOS A LA OBRA

1. En tu matrimonio, ¿quién tiene la responsabilidad principal de proveer económicamente?

   _____El esposo   _____La esposa   _____Ambos

   ¿Estás satisfecho con el acuerdo actual? Si no, escribe una breve descripción de los cambios que te gustaría implementar.

2. Sin hablarlo de antemano con tu cónyuge, anota una lista de las tareas que consideras que son responsabilidad tuya en el hogar. Haz una lista aparte con los asuntos que consideras que son responsabilidad del otro. Haz una lista exhaustiva y lo más específica posible.

3. Invita a tu cónyuge a que lea este capítulo y complete las anteriores tareas 1 y 2.

4. En un momento acordado, muestren sus listas al otro. Tal vez descubran que:

   - Están completamente de acuerdo acerca de sus papeles
   - Están en desacuerdo acerca de algunos puntos y existen algunas áreas confusas acerca de quién es responsable de ciertas cosas
   - Están de acuerdo en muy poco y es un área de conflicto matrimonial

5. Sin importar lo que descubran, aprovechen ese tiempo para conversar y evaluar sus papeles. ¿Qué estás haciendo tú que tu pareja haría mejor? ¿Estaría tu cónyuge dispuesto a aceptar esa responsabilidad? Deja que pruebe hacerlo durante un mes.

CAPÍTULO SEIS

Decisiones, decisiones

¿DEBERÍA UNO DE NOSOTROS hacer un posgrado? ¿Empezar un negocio? ¿Deberíamos tener hijos de inmediato o conseguir un perro? ¿De qué color pintamos la sala? ¿Dónde nos convendría vivir cuando nos jubilemos? Ya sea que acabemos de llegar de la luna de miel o que celebremos nuestras bodas de oro, las decisiones que debemos tomar en el matrimonio son innumerables. Y es importante estar de acuerdo en la toma de decisiones.

Una esposa recuerda la siguiente historia:

La primera discusión que tuvimos realmente algunos meses después de casarnos fue cuando mi esposo llegó un día a casa con una mesa que le había costado cincuenta dólares. Me enfurecí. Lo consideré una traición a mi confianza. Es decir, en realidad me gustaba la mesa. Pero yo trabajaba y él era estudiante y teníamos que vigilar nuestros gastos. A partir de ese momento acordamos consultar al otro para cualquier compra que excediera los cincuenta dólares. Y hemos acatado el acuerdo.

Como se señaló anteriormente, a muchas parejas les resulta fácil comunicarse antes del matrimonio y luego de casarse pareciera que la comunicación se estancara. La razón fundamental para este cambio es que antes del matrimonio había que tomar muy pocas decisiones cruciales. Hablaban libremente acerca de cualquier problema y luego se iban, cada uno a lo suyo. Sin embargo, después del matrimonio tratan de experimentar unidad y deben tomar decisiones que los afectan a ambos. Cuando no logran ponerse de acuerdo en una decisión, la comunicación se frena y empieza a crecer un muro de separación entre los dos.

Los sociólogos y los consejeros de familia reconocen que uno de los mayores problemas en el matrimonio es el proceso de toma de decisiones. Muchas parejas jóvenes entretienen visiones de democracia pero, cuando solo hay dos votantes, la democracia termina muchas veces en un punto muerto.

¿Qué pueden hacer? ¿Cómo deben tomar decisiones? La mayoría de las parejas dan por hecho que las decisiones se toman por sí solas. No prevén ningún problema en esa área. Esas ilusiones no tardan en hacerse pedazos. Recuerdo a una esposa que dijo: "Nunca imaginé que discutiéramos. Antes del matrimonio parecíamos compatibles en todo".

¿Ofrece la Biblia alguna ayuda? Si quisiéramos seguir el mejor modelo que existe para tomar decisiones, ¿cuál sería? Quisiera sugerir que el mejor ejemplo para la toma de decisiones entre iguales es Dios mismo.

SOMOS TRES

Ya hemos visto que Dios se ha revelado como una Trinidad. Este Dios trinitario ha tomado muchas decisiones, algunas de las cuales están documentadas en la Biblia. Desde la decisión original: "Hagamos al hombre a nuestra imagen" (Génesis 1:26) hasta la invitación final de la Trinidad en Apocalipsis 22, Dios toma decisiones. ¿Cómo se tomaron esas decisiones?

A pesar de que nuestra información es limitada, en Mateo 26:36-46 podemos vislumbrar una sesión comunicativa entre el Hijo y el Padre. Jesús estaba a punto de padecer la cruz, y naturalmente sentía la presión física y emocional. En estos versículos vemos que Jesús expresa libremente sus sentimientos y pensamientos al Padre. "Padre mío, si es posible, pase de mí esta copa" (v. 39). El texto no debe tomarse como un registro completo de la oración, sino más bien de la temática. No hubo freno, ni falsas apariencias, sino absoluta sinceridad ante el Padre. La oración se repitió tres veces y en cada instancia Jesús terminó con las palabras: "No sea como yo quiero, sino como tú" (v. 39; cf. vv. 42, 44).

¿Era esto fatalismo? En absoluto. Jesús simplemente estaba reconociendo que el Padre es quien lidera. De acuerdo, la decisión de la cruz ya se había tomado en la eternidad pasada, porque Jesús es "el Cordero que fue inmolado desde el principio del mundo" (Apocalipsis 13:8). Sin embargo, ahora que enfrentaba la cruz en la dimensión espacio-temporal, Él expresa sus sentimientos humanos al Padre.

Existe otro versículo que explica con mayor claridad esta relación. En 1 Corintios 11:3, Pablo dice: "Pero quiero que sepáis que Cristo es cabeza de todo varón, y el varón es cabeza de la mujer, y Dios es cabeza de Cristo". Muchos pasan por alto la última frase, "Dios es cabeza de Cristo". Pablo se refiere obviamente a Dios Padre.

Tal vez digas: "Yo pensé que el Padre y el Hijo eran iguales". ¡Lo son! Sin embargo, al interior de la unidad perfecta de la Deidad existe un orden, y el Padre se revela como la cabeza que lidera. Si podemos entender algo acerca de la naturaleza de este modelo divino, es decir, de la manera en que el Padre se relaciona con el Hijo y el Hijo se relaciona con el Padre, lograremos comprender mejor lo que significa que el hombre sea "cabeza" de la mujer.

IGUALES EN VALOR

¿Es el Padre más valioso que el Hijo? ¿Es un hombre más valioso que una mujer? ¿Es más inteligente el Padre que el Hijo? ¿Son los hombres más inteligentes que las mujeres? La respuesta obvia a estas preguntas es no. El Padre y el Hijo son iguales en todo. Sin embargo, la igualdad no significa que no existan diferencias. Fue el Hijo quien murió en la cruz, no el Padre. ¿Son los hombres y las mujeres igualmente valiosos? ¡Sí! Dilo alto y claro. La Biblia no admite duda alguna al respecto. Tanto los hombres como las mujeres fueron creados a imagen de Dios y poseen el mismo valor.

¿Significa la igualdad que son idénticos? No. Existen diferencias, pero las diferencias no significan deficiencias. Cuando Dios señala que el hombre debe ser cabeza de la mujer, simplemente establece orden en una relación entre iguales, una relación de la cual Dios mismo es figura.

¿Es posible que el Padre obligue al Hijo a hacer algo contra su voluntad? ¿Es posible que un esposo que sigue este patrón obligue a su esposa a hacer algo contra su voluntad? Ser cabeza no significa dictadura. ¿Andaría el Hijo por su lado haciendo "lo suyo" sin consultar al Padre? "Eso es impensable", dirías. ¿Andaría una esposa por su lado para hacer "sus cosas" sin consultar a su marido? Yo sé que Dios es perfecto y que nosotros somos imperfectos; por consiguiente, no siempre hacemos lo que sabemos que es correcto. Sin embargo, es preciso que comprendamos el modelo al cual estamos llamados.

El concepto bíblico de hombre como "cabeza del hogar" es tal vez uno de los conceptos bíblicos más explotados. Los esposos cristianos, llenos de sí mismos, han hecho toda clase de exigencias a sus esposas escudándose en lo que "la Biblia dice…". Ser cabeza no significa que el esposo tenga derecho a tomar todas las decisiones y que notifique a la esposa lo que tiene que hacer. Eso es impensable cuando se examina seriamente el modelo de Dios Padre y Dios Hijo.

EN BUSCA DE LA UNIDAD

Entonces, ¿cuál es el modelo bíblico para tomar decisiones? Tomemos el ejemplo de la conversación que tuvo lugar entre Jesús y el Padre en Getsemaní justo antes de la crucifixión. "Padre mío, si es posible, pase de mí esta copa; pero no sea como yo quiero, sino como tú" (Mateo 26:39).

El modelo parece ser la expresión de ideas y sentimientos de una manera amorosa y sincera, y el esposo como líder reconocido. El objetivo es siempre la unidad en nuestras decisiones. La Trinidad conoce la unidad perfecta en cada decisión. Como seres imperfectos tal vez no siempre podamos lograr el ideal, pero este debe ser siempre nuestra meta.

¿Qué de aquellas ocasiones en las que cada uno expresa plenamente sus ideas y aún así no logra ponerse de acuerdo en algún plan de acción? Mi sugerencia es que si la decisión no es urgente (y en la mayoría de los casos no lo es), conviene esperar. Y mientras esperan, tú y tu cónyuge deberían orar y buscar nueva información que arroje más luz sobre la situación. Al cabo de una semana, conversen otra vez y evalúen su situación.

"¿Cuánto tiempo esperamos?". ¡Tanto como puedan! En mi opinión, la única ocasión en la que un esposo debe tomar una decisión sin un acuerdo mutuo con su esposa es cuando la decisión no da espera y es urgente tomarla "hoy mismo". Hay pocas decisiones como esas en la vida. Casi todo puede esperar. La unidad es más importante que la prisa. "¡Pero si no compro esto hoy, se acabará la promoción!". Una "promoción" que sacrifica la unidad con tu pareja es, en efecto, muy costosa.

En aquellas ocasiones en las que la decisión deba tomarse "hoy mismo" y no hay acuerdo entre los cónyuges, creo que el esposo tiene la responsabilidad de tomar la decisión que considera mejor. De igual modo, debe asumir toda la responsabilidad por esa decisión.

Es posible que, en ese momento, la esposa sienta que la sumisión es difícil, pero también debe sentir la seguridad que le brinda un esposo responsable que toma decisiones cuando es necesario. En esa clase de decisiones, la esposa no debe sentirse responsable por la elección de su esposo. Por otro lado, tampoco debe buscar que la decisión fracase.

Si, en efecto, el tiempo demuestra que es una mala decisión, la esposa nunca debe ceder a la tentación de decir: "Te lo dije. Si me hubieras escuchado, esto no habría sucedido". Cuando un hombre fracasa, no necesita que alguien termine de aplastarlo. Necesita un brazo amable y la tierna seguridad de que estás con él y que van a sortear juntos la situación. "Nos equivocamos, pero estamos juntos y vamos a salir adelante". Estas son las palabras de una esposa sabia.

Así como Dios Padre busca siempre el bien de Dios Hijo, el esposo debe buscar el bienestar de su esposa. El esposo que tiene esta mentalidad nunca va a tomar adrede una decisión que la perjudique. En lugar de eso, se cuestionará acerca de cómo esa decisión puede afectarla y busca tomar decisiones que mejoren su vida y también su relación.

LA MEJOR Y MÁS DIFÍCIL DECISIÓN: LA HISTORIA DE JOSUÉ

Josué era un esposo que aprendió a tomar decisiones motivado por el amor a su esposa. "Quiero decir que la decisión más difícil que he tomado en mi vida fue también una de las mejores", dijo durante el receso de un seminario para matrimonios que yo dirigía en Washington, DC. Josué explicó que llevaba quince años en el ejército cuando sintió cada vez más el deseo de empezar un negocio como civil. Le comentó a su esposa su idea y ella le sugirió que investigara más a fondo lo que pasaría con el estilo de vida de la familia si él abriera un negocio.

Contacté a un hombre que tenía un negocio parecido y pasé la jornada hablando con él acerca de su propia experiencia vocacional. Descubrí que, en los primeros años del negocio, casi pierde a su esposa por cuenta del tiempo y la energía que debía invertir en su negocio. Yo pensé que esto nunca podría sucederme porque estaba seriamente comprometido con Camila.

Hablé todo esto con mi esposa y, con el paso del tiempo, ella se sentía más y más incómoda respecto a la posibilidad de que yo abandonara el ejército. Me faltaban cinco años para la jubilación completa y a Camila le agradaba realmente el estilo de vida militar. Había sido una experiencia positiva para nuestros hijos.

Cuanto más hablamos, más me daba cuenta de que salirme del ejército en ese momento no era probablemente una señal de sabiduría. Con todo, me emocionaba la idea de abrir mi negocio. Oré y oré, pero parecía que no recibía ninguna dirección de parte de Dios. Hasta un día en el que un predicador hizo el siguiente comentario: "Dios nos ofrece mucha dirección por medio de nuestras esposas".

Para mí fue como la voz de Dios. Entendí que Camila me había dado una opinión verdaderamente sabia y que era mi propia ambición egoísta lo que me empujaba en la dirección contraria. De modo que tomé la decisión de permanecer en el ejército. Estoy seguro de que es una de las mejores decisiones que he tomado en mi vida.

Han pasado siete años más desde que terminé los veinte años y decidí continuar. Ya llevo veintisiete años en el ejército y mi plan es llegar a treinta. Dios me ha dado un ministerio maravilloso con parejas del ejército. Sabemos que los matrimonios están bajo mucha presión y nos apasiona ayudar a las parejas militares para que tengan matrimonios fuertes. Sé que no tendríamos este ministerio si yo hubiera optado por una vida de negocios. Doy gracias a Dios cada día por la dirección que me brinda a través de Camila.

Josué descubrió el principio bíblico de que "dos son mejor que uno" y que muchas veces Dios usa a nuestro cónyuge para impartirnos sabiduría.

Soy plenamente consciente de que muchos rechazan la idea de que el esposo sea el líder en la toma de decisiones. Sin embargo, cuando comprendemos el modelo bíblico de ese liderazgo, se vuelve más realizable. El liderazgo masculino en el hogar no tiene nada que ver con superioridad. Tiene que ver con el orden entre pares. Tarde o temprano, si uno de los miembros de la pareja no es reconocido como líder, la pareja va a estancarse y no funcionará de manera eficaz cuando llegue una crisis. Debemos procurar la unidad en todas las decisiones, y con las actitudes correctas esto puede lograrse el 95 por ciento de las veces; aun así, alguien debe tener la responsabilidad de tomar las decisiones cuando no es posible lograr el consenso.

Muchas parejas necesitan que les recuerden que están en el mismo equipo. Sucede con demasiada frecuencia que los cónyuges compiten entre sí, cada uno defendiendo sus propias ideas. Nada podría ser más absurdo. Por supuesto, comuniquen sus ideas, pero úsenlas para lograr la mejor decisión. No se trata de mis ideas o tus ideas, sino de nuestras ideas y nuestra decisión. "Sentimos, pensamos, decidimos". Ese es el lenguaje de la unidad.

> **NO SE TRATA DE MIS IDEAS O TUS IDEAS, SINO DE NUESTRAS IDEAS Y NUESTRA DECISIÓN.**

A riesgo de parecer redundante, permíteme señalar con cautela lo que las Escrituras no quieren decir con las palabras: "El marido es cabeza de la mujer" (Efesios 5:23).

La declaración no significa que el esposo sea más inteligente que la esposa. Claro, es posible que un esposo tenga un coeficiente intelectual más elevado que una esposa o que una esposa tenga un coeficiente intelectual más elevado que su esposo, pero el hecho de ser cabeza nada tiene que ver con inteligencia. Aunque Dios Padre y Dios Hijo son igualmente infinitos en sabiduría, el Padre es "cabeza" del Hijo. En términos generales, tanto los hombres como las mujeres son seres inteligentes (aunque a veces uno tiene sus dudas).

A IMAGEN DE DIOS

"El marido es cabeza de la mujer" no significa que el hombre sea más valioso que la mujer. Tanto hombres como mujeres son hechos a imagen de Dios y poseen un valor infinito. Es cierto que el Antiguo Testamento documenta el sistema judío que atribuía a un niño varón un valor superior al de una niña, pero no debemos aceptar el sistema cultural judío como el sistema de Dios. Los ángeles en el cielo no se regocijan más cuando un hombre se convierte que cuando una mujer se convierte. En Cristo "ya no hay varón ni mujer"; todos son "uno" (Gálatas 3:28).

"El marido es cabeza de la mujer" no significa que el esposo sea un dictador que toma decisiones independientes y le ordena a su esposa lo que tiene que hacer. Definitivamente no vemos ese patrón en la relación entre Dios Padre y Dios Hijo. Es impensable que Dios Padre tome una decisión y luego llame al Hijo nada más para notificársela. "Jehová nuestro Dios, Jehová uno es" (Deuteronomio 6:4). Hay comunicación total y absoluta unidad en cada decisión.

Muchos dictadores cristianos han llegado a padecer úlceras por imponerse una carga de responsabilidad que no les corresponde. El plan de Dios no es que el esposo tome todas las decisiones solo. Recuerda que la esposa fue dada como una ayuda. ¿Cómo puede ella ayudar si él ni siquiera la consulta? Lo que más se necesita en nuestros días es líderes cristianos, no dictadores.

Muchas esposas se estremecen cuando el pastor dice: "Abran la Biblia en Efesios 5:22". Pueden presentir lo que viene y no les gusta lo que oyen. "Las casadas estén sujetas a sus propios maridos, como al Señor".

"Pero no conoce a mi marido", pensarán ellas. "Pero tú no entiendes lo que es la sumisión", dirá Dios.

En esta sección quiero disipar algunos temores explicando lo que no significa la sumisión. La sumisión no significa que la esposa deba responsabilizarse de "darlo todo". El versículo inmediatamente anterior a Efesios 5:22 dice: "Someteos unos a otros en el temor de Dios". La sumisión es un ejercicio mutuo. Ni los esposos ni las esposas pueden hacer lo que les antoja y a la vez tener un matrimonio exitoso. Por eso Dios instruye a los esposos a amar a sus esposas "como Cristo amó a la iglesia" (Efesios 5:25). En este versículo, la palabra que se traduce "amar" denota un amor que se entrega y busca el beneficio de la persona amada.

Por ejemplo, un esposo puede "someterse" a ir a una fiesta que no le interesa en absoluto con el único propósito de hacer feliz a su esposa. Del mismo modo, una esposa puede "someterse" a ir a un juego de fútbol en el que sabe que tendrá frío y va a aburrirse con el fin de participar de una de las alegrías de su marido. La sumisión es lo opuesto a exigir que se hagan las cosas a la manera de uno y se requiere tanto del esposo como de la esposa.

La sumisión no significa que la esposa no pueda expresar sus ideas. ¿Para qué daría Dios la capacidad a una esposa de concebir ideas si no es para expresarlas? Ella está llamada a ser una ayuda. ¿Cómo puede ayudar si se niega a comunicar su sabiduría?

"Pero mi esposo no quiere recibir mis ideas". Ese es su problema, no el tuyo. El silencio nunca conduce a la unidad. Puede ser que necesites desarrollar tacto y practicar la sabiduría para discernir el mejor momento y la manera adecuada de expresarte, pero debes utilizar la mente que Dios te ha dado. Tienes una responsabilidad. No puedes quedarte pasiva y mirando cómo falla tu esposo. Debes procurar ser una ayuda constructiva.

Por último, la sumisión no significa que la esposa no tome decisiones. Hemos hablado principalmente acerca de decisiones en el hogar, y hemos dicho que el modelo básico es la expresión mutua de las ideas con miras a la unidad bajo el liderazgo del esposo. No obstante, en el hogar promedio existen áreas completas en las que la pareja está de acuerdo con que la esposa tome las decisiones.

ENCUENTREN LA UNIDAD EN SUS DIFERENCIAS

David y Brenda de Spokane, Washington, me dieron un buen ejemplo de este modelo para la toma de decisiones. La carrera principal de Brenda en la universidad fue periodismo. Era una lectora ávida y había escrito un diario desde sus años de universidad. Trabajó para un periódico local hasta que nació su primer hijo, cuando decidió quedarse en casa, aunque siguió escribiendo artículos para el periódico de manera esporádica. David trabajaba para una agencia de publicidad. Su fortaleza era la creatividad y su debilidad, la organización.

Un domingo, después de numerosos conflictos matrimoniales que casi siempre terminaban en pelea, David estaba en la iglesia y escuchó un sermón acerca de los dones espirituales. Según el mensaje, Dios había dado a cada cristiano habilidades especiales y su plan es que cada persona use esos dones para beneficio de la comunidad que le rodea. Aunque el pastor habló acerca de usar esos dones en el contexto de la iglesia local, David aplicó el concepto a su matrimonio:

Fue como hacer el gran descubrimiento de que Brenda estaba hecha para hacer ciertas cosas bien y yo para otras, y que Dios nos había juntado para poder funcionar como un equipo eficiente. Antes yo había intentado 'llevar la batuta' en vez de utilizar cada una de nuestras fortalezas. Ese domingo en la tarde, Brenda y yo hablamos de todo eso y tomamos juntos algunas decisiones importantes. Acordamos que, en ciertas áreas de nuestra vida, ella tomaría todas las decisiones y me consultaría solo si quería mi opinión. En otras áreas era yo quien iba a tomar las decisiones. También acordamos que, si bien cualquiera podía hacer preguntas al otro, íbamos a confiar en que el otro tomara la decisión final en esas áreas designadas.

Fue una de las mejores decisiones que hayamos tomado. La tensión entre los dos se disipó cuando nos vimos como compañeros que trabajan juntos para construir un matrimonio fuerte, aprovechando nuestras fortalezas.

Muchas parejas han descubierto que este modelo para la toma de decisiones es viable. Aprovecha al máximo nuestras diferencias y se concentra en nuestra unidad. Por supuesto, es una práctica que podría llevarse al extremo. Tal vez hayas oído acerca del esposo que dijo: "Al principio de nuestro matrimonio acordamos que yo tomaría todas las decisiones principales y que mi esposa iba a tomar las decisiones relacionadas con las actividades cotidianas. Llevamos casados veinticinco años y, hasta ahora, no hemos enfrentado ninguna decisión importante".

Sería una mala administración del tiempo que ambos cónyuges prestaran atención a todos los pormenores de la vida. La evidencia de sabiduría radica en acordar áreas de responsabilidad en las que la esposa tome decisiones a su discreción. (Por supuesto, debe sentirse libre para pedirle consejo a su esposo si así lo

> **SERÍA UNA MALA ADMINISTRACIÓN DEL TIEMPO QUE AMBOS CÓNYUGES PRESTARAN ATENCIÓN A TODOS LOS PORMENORES DE LA VIDA.**

desea). Sus áreas de responsabilidad pueden variar en cada familia, pero pueden incluir la alimentación, la ropa, la decoración del hogar, los automóviles, la educación, ciertos aspectos de la crianza de los hijos, entre otros.

El pasaje de Proverbios 31:10-31 que describe a una mujer piadosa contiene un rango muy amplio de decisiones que una esposa puede tener bajo su cargo. Definitivamente ella no sintió que sus capacidades fueran desaprovechadas. Mi sugerencia es que una pareja sabia y madura va a distribuir las responsabilidades conforme a sus intereses y habilidades individuales. Un esposo seguro con una sana autoestima no va a percibir los esfuerzos de su esposa como competencia. Una esposa que reconoce su propio valor a los ojos de Dios no tiene que demostrárselo a nadie. Para un esposo y una esposa que trabajan en equipo animándose mutuamente a desarrollar sus capacidades al máximo para Dios, las recompensas serán satisfactorias.

A MODO DE CONCLUSIÓN

A la luz de lo anterior, mi sugerencia es que, si la pareja se pone de acuerdo en un modelo para la toma de decisiones, podrán evitar muchos conflictos. El modelo bíblico que sugiero es la mutua y total expresión de ideas y sentimientos relacionados con los asuntos en cuestión, con el propósito de llegar a una decisión unánime. La mejor decisión es aquella que ambos acuerden.

Cuando no es posible lograr un consenso, es aconsejable esperar y buscar nuevas estrategias. Traten el tema de nuevo y busquen la unidad. Si no logran alcanzar la unidad y hay que tomar una decisión de inmediato, el esposo debe tomar la que considere mejor y asumir la responsabilidad de dicha decisión. La esposa debe reconocer su desacuerdo, pero se mostrará dispuesta a trabajar con su esposo y a aceptar el liderazgo de él. Esta clase de actitud al final producirá una unidad de corazón que es mucho más importante que cualquier asunto en cuestión.

MANOS A LA OBRA

1. En un párrafo responde la siguiente pregunta: ¿Cómo se toman las decisiones en nuestro hogar? (Describe el proceso de la manera más clara posible).

2. Si has decido seguir el modelo para la toma de decisiones que se expuso en este capítulo, ¿qué cambios tendrías que implementar? Enumera estos cambios.

3. Invita a tu cónyuge a que lea el capítulo y responda a las dos preguntas anteriores.

4. Cuando ambos hayan terminado los ejercicios anteriores, planeen un tiempo para hablar sobre la toma de decisiones con miras a mejorar como pareja. Las siguientes preguntas pueden servir de guía para el intercambio de impresiones:

   - ¿Estamos de acuerdo con que la unidad entre el esposo y la esposa es nuestra meta en la toma de decisiones?
   - ¿Cuál ha sido el problema más frecuente para que alcancemos la unidad en las decisiones?
   - ¿Qué necesitamos cambiar para superar ese problema?
   - ¿Hemos acordado quién toma las decisiones en momentos excepcionales cuando deben tomarse de inmediato y no hemos llegado a un consenso?

5. Lee Filipenses 2:3-4. ¿Qué parámetros sugiere este pasaje para la toma de decisiones en el hogar?

CAPÍTULO SIETE

"¿Quieres decir que el sexo requiere esfuerzo?"

El cine hace que parezca fácil. Dos cuerpos esbeltos que caen en brazos del otro y se unen en uno solo…

Los sueños y las esperanzas del novio y de la novia son muchos, pero quizá ninguno sea más emocionante que el sueño de la unidad sexual en el matrimonio. Muchos llegan al matrimonio con grandes expectativas de una gran aventura sexual mañana, tarde y noche. Es obvio que para miles de personas en nuestro país dichos sueños se hacen pedazos y las esperanzas nunca se vuelven realidad. ¿Por qué no logran encontrar satisfacción en esta importante área del matrimonio las parejas cultas y educadas? Parte de la respuesta radica en las expectativas poco realistas.

Nuestra sociedad ha sido injusta con nosotros. El cine, las revistas y las novelas han transmitido la idea de que el gozo sexual y la satisfacción mutua se producen de manera automática en el instante en que se unen dos cuerpos. Nos dicen que lo único que se necesita para lograr la satisfacción sexual es dos personas que dan su consentimiento. Eso simplemente no es verdad. El sexo es mucho más intrincado y maravilloso que eso. Cuando entramos al matrimonio con la idea falsa de que la satisfacción en esta área "viene de forma natural", vamos camino a la desilusión.

La unidad sexual, con lo cual quiero decir la satisfacción mutua de los cónyuges en la que ambos disfrutan de su sexualidad y de una sana plenitud sexual, no se produce de forma automática. Exige el mismo grado de compromiso y esfuerzo que la unidad intelectual o la unidad social, que he tratado anteriormente. Aun las parejas que tuvieron relaciones sexuales antes de casarse no encuentran satisfacción sexual mutua de manera automática. En muchos casos, después de la boda surgen actitudes y emociones que habían permanecido ocultas durante el período de noviazgo.

Habrá quienes se pregunten: "¿Quieres decir que el sexo requiere esfuerzo? ¡Yo pensaba que eso venía solo!". Yo les respondería: "Es precisamente ese concepto erróneo lo que constituye la mayor barrera para la unidad sexual". No estoy diciendo que el aspecto sexual del matrimonio sea una carga, algo que exija un trabajo duro y poco gratificante. Lo que estoy diciendo es que el tiempo y el trabajo que se inviertan en esta esfera se verán recompensados repetidas veces.

Las parejas que procuran madurar en esta área recibirán una sonrisa del Creador, que dijo: "Y serán una sola carne" (Génesis 2:24). Quienes no logren la unidad sexual nunca conocerán la dicha de un matrimonio pleno. Cualquier cosa que esté por debajo de una profunda satisfacción por parte de ambos cónyuges es inferior a lo que Dios pone a nuestra disposición. ¿Cuáles son, entonces, las pautas que nos guiarán hacia esa unidad?

UNA ACTITUD SANA

Una de las barreras para la unidad sexual es una actitud negativa hacia el sexo en general y hacia las relaciones sexuales en particular.

Tal actitud puede tener su origen en un mal ejemplo por parte de los padres, una educación sexual distorsionada, una lamentable experiencia sexual en la niñez o una relación sexual en la adolescencia que produjo decepción y culpa. El origen es relativamente insignificante. Lo importante es comprender que somos los amos de nuestras actitudes. No tenemos que ser esclavos para siempre de nuestros sentimientos negativos.

El primer paso para vencer las actitudes negativas es exponerse a la verdad. Jesús dijo: "Si vosotros permaneciereis en mi palabra… conoceréis la verdad, y la verdad os hará libres" (Juan 8:31-32). ¿Cuál es la verdad acerca del sexo?

La verdad es que el sexo es idea de Dios. Como dije antes, fue Dios quien nos hizo hombre y mujer. La humanidad ha explotado el sexo, pero la humanidad no dio origen al sexo. Un Dios santo, ajeno por completo al pecado, nos hizo seres sexuales. Por tanto, el sexo es saludable y bueno.

> **LA HUMANIDAD HA EXPLOTADO EL SEXO, PERO LA HUMANIDAD NO DIO ORIGEN AL SEXO.**

Nuestra condición masculina o femenina es una idea honorable. Nuestros órganos sexuales no tienen nada de vergonzoso. Son tal como Dios quiso que fueran. Él es un Creador perfecto y todo lo que ha creado es bueno. No debemos renunciar a la santidad del sexo porque la gente lo haya explotado y degradado a través de su uso incorrecto. El sexo no es una marca de fábrica del mundo, sino que lleva la etiqueta personal que dice: "Hecho por Dios".

En ocasiones, hasta la Iglesia ha sido culpable de distorsionar la verdad. En nuestro afán por condenar el uso incorrecto del sexo, hemos dado a entender que el sexo como tal es perverso. Eso no es cierto. Pablo escribió: "El cuerpo es… para el Señor… vuestro cuerpo es templo del Espíritu Santo" (1 Corintios 6:13, 19). Todo nuestro cuerpo es bueno y limpio.

El segundo paso para vencer una actitud negativa hacia el sexo es responder con la verdad. Si, en efecto, el sexo es un don de Dios y las relaciones sexuales entre el esposo y la esposa son el plan de Dios para nosotros, entonces no debo permitir que mis sentimientos distorsionados me impidan cumplir la voluntad de Dios. Debo confesar mis sentimientos a Dios y a mi cónyuge y luego dar gracias a Dios de no tener que seguir esos sentimientos. A medida que cumplo la voluntad de Dios en comunión con Él, mis sentimientos y actitudes cambiarán. Si yo fomento esos sentimientos negativos rehusándome a participar en una expresión de amor a través de las relaciones sexuales con mi cónyuge, me privo de mi libertad de vivir por encima de mis sentimientos. Las acciones positivas deben preceder a los sentimientos positivos.

SUPERAR EXPERIENCIAS PASADAS

Una realidad de la sociedad contemporánea es que muchas parejas llegan al matrimonio con una experiencia sexual previa, ya sea entre ellos o con otra persona. Es evidente que muchas parejas, especialmente en los primeros años de matrimonio, tienen que enfrentar el bagaje de su experiencia sexual pasada. La idea generalizada es que la experiencia sexual previa al matrimonio te prepara mejor para el matrimonio. Las investigaciones indican lo contrario.[4] De hecho,

---

4. Ver William G. Axinn y Arland Thorton, "The Relationship Between Co-habitation and Divorce: Selectivity or casual influence?", *Demography* 29 (1992): 357-374; y Zheng Wu, "Premarital Cohabitation and Postmarital Cohabiting Union Formation", *Journal of Family Issues* 16, no. 2 (marzo, 1995): 212-232.

la tasa de divorcio entre las personas que han tenido experiencias sexuales previas es más alta que entre quienes no han tenido relaciones sexuales antes del matrimonio. La realidad es que la experiencia sexual previa a menudo se convierte en una barrera psicológica para lograr la unidad sexual en el matrimonio.

La respuesta cristiana a ese tipo de barreras es la confesión de la falta y el perdón genuino de la otra persona por los errores pasados. Es posible que las cicatrices del pasado queden para siempre, pero pueden servir de recordatorio de la gracia y el amor de Dios. Un aspecto en el que las cicatrices son más problemáticas es cuando un miembro de la pareja ha contraído una enfermedad de transmisión sexual antes del matrimonio. Aunque muchas de estas enfermedades son tratables, no tienen cura. Estas son cicatrices con las cuales tiene que vivir la pareja y que precisan ajustes por parte de ambos. Un problema que resulta aún más serio es cuando la enfermedad de transmisión sexual existía antes del matrimonio y el hecho no se le reveló a la pareja antes de casarse. Esto, en esencia, es un engaño y con frecuencia se convierte en una fuente de gran tensión entre los cónyuges e incluso, en ocasiones, conduce al divorcio prematuro. En mi consejería prematrimonial siempre animo a las parejas a que digan la verdad acerca de sus experiencias pasadas. Si no pueden afrontar esa situación en el contexto del noviazgo, será mucho más difícil procesarla después del matrimonio. Con todo, si entramos al matrimonio plenamente conscientes del pasado y dispuestos a aceptar a la persona tal como es, existen más probabilidades de procesar los problemas después de casarse.

"¿CÓMO PUEDO AYUDARTE?"

Si existe una palabra que es más importante que ninguna otra en la obtención de la unidad sexual es la palabra *comunicación*. ¿Por qué estamos tan dispuestos a debatir todo lo demás y tan reticentes a conversar abiertamente acerca de este aspecto de nuestras vidas? Tu esposa nunca podrá conocer tus sentimientos, necesidades y deseos a menos que tú los expreses. Tu esposo nunca sabrá lo que te hace feliz si no se lo comunicas. Nunca he sabido de una pareja que haya logrado la unidad sexual sin una comunicación abierta acerca del sexo.

En una ocasión, una esposa dijo en mi oficina que había estado casada durante tres años y nunca había tenido un orgasmo. Nunca se lo había dicho al esposo por temor a lastimarlo. Ella pensó que quizás padecía alguna anomalía. Había consultado con su médico, quien le aseguró que no existía ningún problema físico. Cuando por fin se lo contó a su esposo, el problema se solucionó pronto. El esposo no puede tratar de solucionar un problema que desconoce. Sin embargo, el esposo debería hacer preguntas para determinar si su esposa se siente satisfecha.

En un intento por promover la comunicación en mis seminarios sobre la vida familiar, pido con frecuencia a las esposas y a los esposos que escriban los consejos que les gustaría ofrecer a su compañero o compañera en relación con el acto sexual. Es decir: "¿Qué sugerencias le harías a tu cónyuge que, en tu opinión, harían más significativo el acto sexual?". Al final de este capítulo aparece una recopilación de dichas sugerencias. Esperamos que te animen a ti y a tu pareja a renovar la comunicación en esta área.

¿POR QUÉ EL SEXO?

Algunas parejas tienen dificultad en mejorar porque no entienden el propósito del sexo conforme lo revelan las Escrituras. El propósito más obvio, aunque ciertamente no el único, es el de la procreación.

Después de crear al hombre, varón y hembra, "los bendijo Dios, y les dijo: Fructificad y multiplicaos; llenad la tierra" (Génesis 1:28). Las relaciones sexuales con el fin de procrear es la forma que tiene Dios de permitirnos ser partícipes de la emoción de la creación. Pocas emociones humanas pueden igualarse a la de mirar el rostro de un niño, el fruto de tu amor por tu cónyuge.

En las Escrituras, los niños siempre son vistos como un regalo de Dios: "He aquí, herencia del Señor son los hijos; cosa de estima el fruto del vientre" (Salmos 127:3). ¿Qué puede decirse entonces de la anticoncepción? Hay quienes arguyen que el mandato original de Dios de "llenad la tierra" se ha cumplido, al menos en los países más pobres que luchan con la sobrepoblación, y que por consiguiente debemos dejar de "llenar" la tierra, no sea que la desbordemos.

Sin embargo, aquí interviene un principio más elevado. Somos creados como criaturas responsables. A lo largo de las Escrituras, los padres son considerados personas responsables que atienden las necesidades de los niños que ellos "crean". Como padre responsable, debo usar la razón a la hora de decidir cuántos niños puedo tener a mi cargo en la práctica. De la misma manera que Dios nos ha dado ayuda médica gracias al esfuerzo de hombres y mujeres dedicados, también nos ha dado medios para limitar los nacimientos. Resulta interesante saber que este conocimiento haya llegado en las generaciones con la mayor necesidad por cuenta de la sobrepoblación. Como cristianos, debemos usar todos los dones de Dios de manera responsable. Por ende, opino que la pareja debe conversar y decidir juntos cuándo hará uso del control de la natalidad y qué método de control de la natalidad usarán como personas responsables. Este asunto debe tratarse con el médico cuando la pareja asista a la consulta para realizar los exámenes prematrimoniales.

El segundo propósito de las relaciones sexuales dentro del matrimonio que revelan las Escrituras es el de satisfacer necesidades físicas y afectivas. Pablo habla al respecto cuando dice:

El marido cumpla con la mujer el deber conyugal, y asimismo la mujer con el marido. La mujer no tiene potestad sobre su propio cuerpo, sino el marido; ni tampoco tiene el marido potestad sobre su propio cuerpo, sino la mujer. No os neguéis el uno al otro, a no ser por algún tiempo de mutuo consentimiento, para ocuparos sosegadamente en la oración; y volved a juntaros en uno, para que no os tiente Satanás a causa de vuestra incontinencia (1 Corintios 7:3-5).

Pablo se refiere aquí a la intensa necesidad física y afectiva que el esposo y la esposa tienen uno por el otro. Somos seres sexuales y sentimos un fuerte deseo por el otro de índole sexual. De hecho, el mayor problema antes del matrimonio es poder controlar ese fuerte deseo. No obstante, dentro del matrimonio ese deseo debe hallar plena satisfacción en las relaciones sexuales.

Cuando nos negamos ese privilegio, frustramos el modelo expreso que Dios reveló. Si los esposos y las esposas tomaran dicha responsabilidad seriamente, el número de relaciones extramatrimoniales disminuiría drásticamente.

La esposa sincera diría: "Pero yo no siento deseos de tener relaciones sexuales con tanta frecuencia como mi esposo". Expresa tus sentimientos a tu esposo de manera sincera y abierta, pero también hazle saber que estás dispuesta a satisfacer sus necesidades. No es necesario pasar por toda la actividad del juego amoroso que tanta energía consume si estás cansada. Simplemente hazle saber que lo amas y que quieres satisfacer sus necesidades. Por lo general, esto puede hacerse en poco tiempo con un consumo mínimo de energía. La esposa no debe verse obligada a tener un orgasmo si no lo desea. Si las necesidades se satisfacen, entonces se habrá logrado uno de los propósitos del sexo.

El tercer propósito del sexo expresado en las Escrituras es el de *dar placer*. Esto puede resultarles complicado a quienes piensan que Dios desea hacer la vida lo más desdichada posible para sus siervos. Sin embargo, las Escrituras dejan claro que los planes de Dios para con nosotros siempre son buenos: "Porque yo sé muy bien los planes que tengo para ustedes —afirma el SEÑOR—, planes de bienestar y no de calamidad, a fin de darles un futuro y una esperanza" (Jeremías 29:11, NVI). Dios no estaba obligado a hacer el acto sexual placentero, pero lo hizo. Este es uno de esos actos inigualables por los que Dios se destaca.

EL "PLACER" EN LA BIBLIA

El capítulo 18 de Génesis registra un hecho muy interesante en la vida de Abraham y Sara. El mensajero de Dios había venido a proclamar que iban a tener un hijo. Era una idea maravillosa, ¡salvo que Abraham tenía 100 años y Sara, 90! Abraham le hizo una pregunta lógica a este mensajero celestial y las Escrituras dicen que en respuesta: "Se rió, pues, Sara entre sí, diciendo: ¿Después que he envejecido tendré deleite, siendo también mi señor ya viejo?" (Génesis 18:12). La palabra traducida como "deleite" no es la palabra hebrea que se usa por lo general para placer y solo aparece aquí en el Antiguo Testamento. Sara reflexiona acerca de la experiencia placentera que significa el acto sexual. Es una mujer anciana. Aunque el cuerpo no funciona como antes, no es tan vieja como para olvidar que se trata de una experiencia placentera.

El Cantar de los Cantares de Salomón abunda en ilustraciones acerca del placer en el aspecto sexual del matrimonio (6:1-9; 7:1-10). Puede que las frases descriptivas sean ajenas a nuestra cultura, pero la intención está clara. La masculinidad y la femineidad fueron hechas para el disfrute de la pareja casada.

Encontramos otro pasaje interesante en Deuteronomio 24:5, donde dice: "Cuando alguno fuere recién casado, no saldrá a la guerra, ni en ninguna cosa se le ocupará; libre estará en su casa por un año, para alegrar a la mujer que tomó". La palabra traducida aquí como "alegrar" se traduce en otras partes "dar placer" y es la misma que se usa para denotar gratificación sexual. El hombre deberá quedarse en casa durante un año para "dar placer" a su esposa durante un año. ¡Qué clase de luna de miel!

EXPRESAR AMOR DURANTE LA LUNA DE MIEL... Y DESPUÉS

Este es un buen momento para hacer un paréntesis y decir unas palabras acerca de la luna de miel. Tratamos de comprimirla en tres días o una semana a lo sumo. Se supone que ha de ser un lecho de rosas, pero para muchas personas es un tiempo muy decepcionante. Si Dios sugirió un año de placer, ¿qué nos hace pensar que podemos alcanzar el paraíso sexual en tres días? Permítanme reiterar que la unidad sexual toma tiempo.

En los Estados Unidos, la luna de miel típica es un momento de mucha presión. Durante semanas, la pareja ha concentrado la energía en los preparativos para la boda. Las despedidas de solteros ya terminaron. Ya les lanzaron el último puñado de arroz y ahora están solos. El agotamiento físico y emocional no es una buena combinación para una experiencia sexual significativa. La adaptación sexual comienza en desventaja.

"Recuerdo que estábamos agotados", dijo una mujer. "Estábamos alojados en uno de los mejores hoteles de Chicago, en una bella y espaciosa habitación. Nos sentamos junto a la ventana durante un rato como medio aturdidos, mirando el tránsito de la calle Lake Shore y admirando la inmensa fuente de frutas, cortesía del hotel, sobre la mesa de centro. Finalmente, llegó la hora de irnos a la cama Y… nos fue bien, pero nos dimos cuenta de que los dos necesitábamos con urgencia dormir".

No esperen demasiado de la luna de miel. En el mejor de los casos, es solo el comienzo de lo que vendrá después. El disfrute sexual en la luna de miel será mínimo en comparación con el disfrute un año después si se dedican a cultivar la unidad.

Estrechamente relacionado con la idea del placer está el concepto del amor. Uno de los deseos del amor es dar placer al ser amado; por tanto, las relaciones sexuales dentro del matrimonio se convierten en un método muy significativo de expresar amor. Es una de las voces más fuertes del amor.

> **ES EN LA AUTOENTREGA MUTUA QUE EL AMOR ENCUENTRA SU MÁXIMA EXPRESIÓN.**

Esto significa que cada cónyuge debe pensar en el placer del otro (Filipenses 2:3-4). El esposo deberá darle placer a su esposa y la esposa deberá darle placer al esposo. Es en la autoentrega mutua que el amor encuentra su máxima expresión.

¡LAS NECESIDADES DE ÉL Y LAS DE ELLA SON DIFERENTES!

"¡Mírate lo hermosa que estás!", exclama el esposo con admiración mientras él y su esposa se visten por la mañana. "¿Cómo es posible que él pueda *pensar* en eso ahora?", se pregunta la esposa mientras busca sus pantalones negros. La respuesta es la fisiología. Y la psicología. En los últimos años todos hemos oído hablar mucho acerca de las diferencias entre mujeres y hombres, pero un curso de actualización resultará útil y propiciará la unidad.

Debe señalarse, por ejemplo, que para el hombre el impulso sexual es más físico que para la mujer. Es decir, las gónadas masculinas están continuamente produciendo espermatozoides. Los espermatozoides, juntamente con el semen, se almacenan en las vesículas seminales. Cuando las vesículas seminales se llenan, existe una demanda física de emisión. En el sexo femenino no existe un proceso equivalente.

Para la mujer, la necesidad sexual es más emotiva que física. Las implicaciones de esta diferencia se observan con facilidad. Por ejemplo, el esposo tendría poca dificultad en tener relaciones sexuales una hora después de una desagradable y violenta discusión con su esposa. Por el contrario, para la esposa esto sería prácticamente imposible. Sus sentimientos intervienen demasiado. No puede experimentar una satisfacción sexual significativa cuando las cosas no marchan bien en otras esferas de la relación.

Las sugerencias que aparecen más adelante muestran que, para la esposa, las buenas relaciones sexuales comienzan por la mañana y se estimulan con todas las pequeñas expresiones de amabilidad por parte del esposo a lo largo del día. La amabilidad y la consideración por parte del esposo preparan el terreno para una experiencia sexual significativa.

Tenemos que comprender las diferencias entre hombres y mujeres en la respuesta físico-emocional en el acto sexual en sí. El esposo tiende a llegar a un clímax físico-emocional con bastante rapidez y después del clímax sus emociones bajan rápidamente, en tanto que la esposa es mucho más gradual en sus cambios emocionales, antes y después del clímax. Esta diferencia tiene muchas implicaciones para el esposo y la esposa que desean gozar de unidad física (como indican las sugerencias de las páginas siguientes).

Está fuera del alcance del propósito de este libro tratar todos los detalles de la adaptación sexual. Hay excelentes materiales de consulta disponibles (ver Recursos adicionales). Recomiendo vivamente las siguientes obras: *52 maneras de tener relaciones sexuales divertidas y fabulosas* de Clifford y Joyce Penner y *Música entre las sábanas* de Kevin Leman.

Además, recomiendo otro libro escrito por los Penner, *Relaciones extraordinarias: Una vida amorosa apasionada, íntima y divertida (solo para hombres)*. Los autores son consejeros cristianos extraordinarios y el libro está escrito para ayudar a los esposos que desean experimentar la máxima bendición de Dios en la unidad física.

Todos estos recursos son excelentes y ofrecen ayuda práctica en el ajuste sexual. Deberían ser material de consulta en la biblioteca de toda pareja cristiana.

A MODO DE CONCLUSIÓN

Algunas personas quisieran que la vida fuera como en Hollywood, donde atractivas estrellas con cuerpos perfectos se unen en la pantalla con una pasión total y libre de problemas. Sin embargo, Dios en su infinita sabiduría nos dio su regalo del sexo para procrear hijos, dar placer y acercar más al esposo y la esposa en el vínculo íntimo del matrimonio. Él quiere que ustedes dos pasen la vida entera explorándose física, espiritual, intelectual y emocionalmente. ¡Eso no significa que no habrá ajustes o retos! Pero dado que es lo mejor que Dios quiere para ustedes, el viaje hacia la intimidad merece la pena el empeño.

MANOS A LA OBRA

1. ¿Cómo calificarías el aspecto sexual de tu matrimonio?

   ____excelente ____bueno ____aceptable ____malo

2. En un párrafo breve escribe tu actitud hacia el aspecto sexual del matrimonio.

3. Si eres el esposo, lee "Sugerencias de los esposos para las esposas: Qué hacer para que las relaciones sexuales sean más significativas". Señala cada punto que quisieras mencionarle a tu esposa.

4. Si eres la esposa, lee "Sugerencias de las esposas para los esposos: Qué hacer para que las relaciones sexuales sean más significativas". Señala cada punto que quisieras mencionarle a tu esposo.

5. Cuando ambos se sientan a gusto y estén dispuestos a crecer, comenten con el otro los puntos que han señalado. Concéntrate en lo que tu pareja dice en lugar de tratar de defenderte. El propósito de la conversación es crecer, no defenderse.

6. En otro momento, escribe para ti mismo lo que puedes hacer y harás para desarrollar la unidad física con tu cónyuge. Dentro de un mes, revisa tu lista y mira cuánto has mejorado. Fíjate metas nuevas para cada mes.

SUGERENCIAS DE LOS ESPOSOS PARA LAS ESPOSAS:

QUÉ HACER PARA QUE LAS RELACIONES
SEXUALES SEAN MÁS SIGNIFICATIVAS

1. Toma la iniciativa de vez en cuando.

2. Sé creativa e imaginativa.

3. No te dé vergüenza demostrar que lo estás disfrutando.

4. Sé atractiva a la hora de acostarte. Ponte ropa que no sean camisones "estilo abuelita" o la pijama de todos los días.

5. Haz cosas para atraer mi atención; los hombres se excitan fácilmente por la vista.

6. Habla más abiertamente sobre el sexo. Expresa que estás preparada para el acto sexual después que el juego amoroso preliminar te haya excitado lo suficiente.

7. Acuéstate más temprano.

8. No me hagas sentir culpable de noche por mis imperfecciones del día (no ser lo suficientemente afectuoso, etc.).

9. Prolonga la relación sexual de vez en cuando.

10. Presta más atención a mis necesidades y deseos como hombre.

11. Participa más plena y libremente en el acto sexual; sé más dócil y abierta.

12. Permite la variedad en cuanto al horario (no siempre por la noche).

13. Muestra más deseo y entiende que las caricias y los juegos amorosos son tan importantes para mí como lo son para ti.

14. No permanezcas disgustada por los sucesos cotidianos que no salen bien.

15. Distraigámonos juntos al menos una vez a la semana.

16. No juegues siempre a hacerte la difícil.

17. Despeja la mente de las cosas cotidianas (las de hoy y las de mañana) y concéntrate en lo que nos ocupa: el amor.

18. No trates de fingir que estás disfrutando.

19. No trates de castigarme negándome el sexo o dándomelo de mala gana.

20. Trátame como tu amante.

SUGERENCIAS DE LAS ESPOSAS PARA LOS ESPOSOS:
QUÉ HACER PARA QUE LAS RELACIONES SEXUALES SEAN MÁS SIGNIFICATIVAS

1. Muestra más afecto y atención durante el día; cuando llegues del trabajo, bésame en el cuello.

2. Dedícale más tiempo al juego amoroso; el amor, el juego y los comentarios románticos son importantes.

3. Fomenta el acto sexual en distintos momentos en vez de siempre de noche cuando estamos cansados.

4. Sé más comprensivo cuando estoy enferma de verdad.

5. Toma la iniciativa y no esperes a que yo dé el primer paso.

6. Acéptame como soy; acéptame aun cuando me veas en mi peor faceta.

7. De vez en cuando, dime que me amas y no solo cuando estamos en la cama; llámame a veces simplemente para decirme "¡te amo!". No te dé pena decirme "te amo" delante de otras personas.

8. Mientras me esté duchando para prepararme, busca música suave en Spotify.

9. Honra a Cristo como cabeza del hogar.

10. Muéstrate delicado y amoroso por lo menos una hora antes de iniciar el sexo.

11. Ayúdame a sentirme que soy atractiva sexual y románticamente halagándome a menudo.

12. Dime lo que te gusta y cuándo estás excitado, expresa tus deseos más abiertamente. Comparte tu ser conmigo más plenamente.

13. Trata de no eyacular tan pronto.

14. Oremos juntos por tus problemas y victorias; déjame expresarte mis necesidades.

15. Aprecia la belleza de la naturaleza y comparte ese aprecio conmigo.

16. Asume más responsabilidad en cuanto a preparar a los niños para la cama, de tal modo que yo pueda sentirme descansada y compartir mejor la noche contigo.

17. Sé paciente conmigo. No te burles de mi lentitud para alcanzar el clímax.

18. No abordes las relaciones sexuales como si fuera un formulismo. Haz que cada vez sea una nueva experiencia. No permitas que la relación sexual se vuelva aburrida repitiendo las mismas cosas una y otra vez; prueba cosas nuevas o lugares nuevos.

19. Nunca trates de hacer el amor conmigo cuando albergas sentimientos negativos hacia mí o cuando sabes que las cosas no andan bien; que haya armonía entre nosotros para que la relación sexual sea realmente un acto de amor.

20. De vez en cuando, piensa en algo agradable qué decir acerca de mí delante de los demás.

CAPÍTULO OCHO

Dejar y honrar a los padres

"RECUERDO UNA CONVERSACIÓN que tuve con mi suegro antes de casarme", decía un esposo. "Él me dijo algo así como: 'Dale una buena vida. Cuídala'. Él no era de los que daban muchos consejos y ya falleció, pero no he olvidado sus palabras, como si me hubiera entregado algo precioso en custodia".

"Recién casada, mi suegra me sacaba de mis cabales", dijo la esposa de ese hombre. "Me quejaba de ella muchísimo a mi esposo que, dicho sea en su honor, me daba su apoyo. Al mismo tiempo, yo podía ver lo unidos que estaban él y su mamá y me di cuenta de que no quería que perdieran eso. A medida que fue envejeciendo, empecé a pensar en lo que significa 'honrar' a los padres y los suegros. Es una orden, no una opción… y ahora que ella ha fallecido, trato de honrar su memoria y contar las anécdotas curiosas de ella y mi esposo". Para bien y a veces para mal, nuestros padres y suegros forman, de manera estrecha e inextricable, parte de nuestra vida. Pero sin importar que seamos recién casados o un "matrimonio de años", ¿*cómo* pueden ellos ser parte de nuestras vidas?

Nos necesitamos mutuamente. La pareja de recién casados

133

necesita del cariño y la sabiduría que provienen de una relación sincera con ambos padres, y los padres necesitan del cariño y la compañía (y, por qué no, ¡de los nietos!) que provienen de la pareja. La vida es demasiado corta para vivirla con relaciones deterioradas. Si hay conflictos en la relación, el principio de la confesión y el perdón que se expuso en el capítulo 2 es aplicable tanto a los suegros como a los cónyuges. No tenemos que estar de acuerdo en todo para tener una relación sincera, pero la amargura y el resentimiento siempre son incorrectos (Efesios 4:31). La libertad y el respeto mutuos deben ser el principio rector para los padres y los hijos casados.

¿Qué pautas nos propone la Biblia para las relaciones con los suegros? ¿Cómo debe responder la pareja a las ideas, las sugerencias y las necesidades de los padres? ¿Qué podemos hacer cuando vemos que los padres destruyen nuestra unidad matrimonial? Hay que tener dos principios en cuenta si vamos a seguir el modelo bíblico en nuestras relaciones con los suegros: un cambio de lealtad y la continuidad de la honra.

"DEJAR" A LOS PADRES

En Génesis 2:24 leemos: "Por tanto, dejará el hombre a su padre y a su madre, y se unirá a su mujer, y serán una sola carne". Este principio se repite en Efesios 5:31. El modelo de Dios para el matrimonio implica "dejar" a los padres y "unirse" al compañero o la compañera. El matrimonio implica un cambio de lealtad. Antes del matrimonio, la lealtad de uno es a los padres, pero después del matrimonio la lealtad cambia al cónyuge.

Los psicólogos lo llaman "despegarse de las faldas de la mamá". Ya la persona no se apoya en los padres, sino más bien en su cónyuge. Si existe un conflicto de intereses entre la esposa de un hombre y su madre, el esposo deberá respaldar a la esposa. Esto no significa que trate mal a la madre. Ese es el segundo principio, que trataremos en breve. Sin embargo, el principio de separación de los padres es sumamente importante. Ninguna pareja podrá alcanzar plenamente su potencialidad en el matrimonio sin esta ruptura psicológica de los padres.

¿Qué significa este principio en la práctica? Creo que sugiere que la pareja de casados viva aparte. En tiempos pasados era común que los recién casados vivieran con los padres. Una esposa de la posguerra comentó: "Tanto mis padres como mis suegros vivieron al principio con *sus* padres. Eran los años posteriores a la guerra y había una gran escasez de vivienda. Sin embargo, en poco tiempo ambas parejas se mudaron a un lugar independiente. Creo que a pesar de que fue por un período breve resultó difícil para todos".

En la actualidad muchos experimentan dificultades financieras, las cuales hacen atractiva la posibilidad de irse a vivir con los padres. Sin embargo, mientras vive con los padres, la pareja de casados no puede desarrollar su independencia tan fácilmente como cuando vive sola. La dependencia de los padres aumentará mientras la pareja viva con los padres. Es mejor vivir en un pequeño apartamento y ser libres para desarrollar su propio estilo de vida bajo Dios que una vida de lujo eclipsada por los padres. Los padres deben alentar dicha independencia, y el hecho de poder proporcionar una morada independiente deberá ser un factor a tener en cuenta para fijar la fecha de la boda.

El principio de "dejar" a los padres también es importante para la toma de decisiones. Los padres pueden tener sugerencias acerca de muchos aspectos de su vida de casados. Si bien cada una de esas sugerencias debe tomarse seriamente, en última instancia ustedes tienen que tomar sus propias decisiones. No deben tomar decisiones para complacer a los padres, sino para hacer feliz al cónyuge. Bajo Dios, la pareja es una unidad fusionada por su Espíritu para vivir el uno para el otro (Filipenses 2:3-4).

Esto significa que puede llegar el momento en que el esposo tenga que decirle a su madre: "Mamá, tú sabes que yo te quiero mucho, pero también sabes que ahora estoy casado. No puedo romper mi matrimonio para hacer lo que tú deseas. Te quiero y deseo ayudarte, pero debo hacer lo que yo crea que es lo mejor para mi esposa y para mí. Espero que entiendas porque mi deseo es que conservemos la relación afectuosa que hemos tenido a través de los años. Pero si no entiendes, ese es un problema que tendrás que resolver. Yo debo dedicarme a edificar mi matrimonio".

Si las palabras anteriores te parecen duras, da gracias. Quiere decir que no te has enfrentado a una suegra testaruda, egoísta e interesada solo en lo material. Tales suegras existen y la respuesta bíblica para corregir dicha situación es firmeza con amor. El esposo no debe permitir que su madre continúe controlando su vida después de casado. Ese no es el modelo bíblico.

CONSIDEREN LA SABIDURÍA DE LOS PADRES

Por otro lado, las sugerencias de los padres merecen la atención debida. Nuestros padres son mayores y probablemente más sabios. En Éxodo 18 encontramos un buen ejemplo de la sabiduría de los suegros. Moisés estaba trabajando desde la mañana hasta la tarde juzgando al pueblo de Israel. La sala de espera siempre estaba llena y no había tiempo para recesos. "El suegro de Moisés le dijo: No está bien lo que haces. Desfallecerás del todo, tú, y también este pueblo que está contigo; porque el trabajo es demasiado pesado para ti; no podrás hacerlo tú solo. Oye ahora mi voz; yo te aconsejaré" (vv. 17-19).

El suegro le sugirió que dividiera la multitud en grupos de mil, de cien, de cincuenta y de diez personas, y que delegara autoridad a otros hombres capaces que juzgaran a quienes estaban bajo su jurisdicción. De esa manera, Moisés estaría libre para pasar más tiempo con Dios y enseñarle al pueblo la ley de Dios (vv. 19-20). De esa forma, su ministerio sería más de tipo "preventivo" que un ministerio de "crisis". Solo le llevarían a Moisés los casos difíciles para que él los juzgara (v. 22).

Moisés vio que era una sugerencia sabia y la aceptó. Con esto reveló su propia madurez. No tenía que oponerse a una buena idea solo porque viniera de su suegro. Se sentía lo suficientemente seguro en su autoestima para aceptar una buena idea sin importar cuál fuera su procedencia.

El principio de separación de los padres también tiene sus implicaciones cuando surgen conflictos en el matrimonio. La joven esposa que siempre se ha apoyado mucho en la madre tendrá la tendencia de acudir a ella para quejarse cuando surjan problemas en el matrimonio. Y la madre se pondrá dichosa de ver que su hija acude a ella en su momento de necesidad. Al día siguiente, el esposo reconoce su error, pide perdón y se restaura la armonía. La hija no le dice esto a la madre. La próxima vez que surge otro conflicto, de nuevo le cuenta a la madre. Esto se convierte en norma y en poco tiempo la madre empieza a tener una actitud de resentimiento hacia el yerno e incita a la hija a que se separe de él. Lo que hizo la hija es muy injusto con su esposo y ella no ha seguido el principio de "dejar" a los padres.

Si tienes conflictos en tu matrimonio (y la mayoría los tenemos), intenta resolverlos hablando directamente con tu cónyuge.

El conflicto debe constituir un peldaño en el camino hacia el crecimiento. Si piensas que necesitas ayuda externa, acude a tu pastor o a un consejero matrimonial cristiano. Ellos están entrenados y preparados por Dios para brindar asistencia práctica. Pueden ser objetivos y proporcionar pautas bíblicas. A los padres les resulta casi imposible ser objetivos.

HONRAR A LOS PADRES

El segundo principio de nuestra relación con los padres se encuentra en Éxodo 20:12 y es uno de los Diez Mandamientos: "Honra a tu padre y a tu madre, para que tus días se alarguen en la tierra que Jehová tu Dios te da". Se repite en Deuteronomio 5:16 y Efesios 6:2-3.

El mandamiento de honrar a los padres nunca ha sido abolido. Mientras vivan, es justo honrarlos. En Efesios 6:1, el apóstol Pablo dice: "Hijos, obedeced en el Señor a vuestros padres, porque esto es justo". La obediencia a los padres es la regla desde el nacimiento hasta el matrimonio. La segunda declaración de Pablo es: "Honra a tu padre y a tu madre, que es el primer mandamiento con promesa; para que te vaya bien, y seas de larga vida sobre la tierra" (vv. 2-3). Honrar a los padres es la regla desde el nacimiento hasta la muerte. Honrar fue la orden original y tiene vigencia perpetua.

> **LA OBEDIENCIA A LOS PADRES ES LA REGLA DESDE EL NACIMIENTO HASTA EL MATRIMONIO.**

La palabra *honrar* significa "mostrar respeto". Implica tratar a alguien con amabilidad y dignidad. Es cierto que no todos los padres llevan vidas respetables. Puede que sus acciones no sean dignas de honra, pero por ser hechos a imagen de Dios son dignos de honor. Puedes respetarlos por su humanidad y por su condición de padres, aun cuando no puedas respetar sus acciones. Siempre es justo honrar a los padres propios y a los del cónyuge. "Dejar" a los padres a efectos del matrimonio no elimina la responsabilidad de honrarlos.

¿Cómo se expresa esta honra en la vida diaria? Se honra a los padres mediante acciones prácticas tales como las visitas, las llamadas telefónicas, los mensajes de texto y en las redes sociales, y en general haciéndolos partícipes de su vida en la media de lo posible y según lo permitan las distancias. De esa manera les comunicas que todavía los amas y que son parte de tu vida. "Dejar" nunca debe interpretarse como "abandonar". Mantener la comunicación con regularidad es esencial para honrar a los padres. No comunicarse con los padres es como decir: "Ya no me interesan".

Es necesario decir una cosa más acerca de la comunicación con los padres. Se debe dar un trato por igual a los padres de ambos cónyuges. Recuerda que "no hay acepción de personas para con Dios" (Romanos 2:11). Debemos seguir su ejemplo. En la práctica, esto significa que nuestros correos electrónicos, mensajes de texto, llamadas por FaceTime y visitas deben evidenciar nuestro compromiso con el principio de igualdad. Si a unos padres se les llama por teléfono una vez al mes, a los otros padres se les debe llamar una vez al mes. Si unos reciben un correo electrónico de novedades una vez a la semana, entonces los otros deben recibir lo mismo. La pareja también debe tratar de ser equitativa en lo tocante a visitas, comidas y vacaciones.

Quizá las situaciones más complicadas surgen durante los días festivos, como el día de acción de gracias y la Navidad. La madre de la esposa quiere que vayan a la casa en vísperas de Nochebuena.

La madre del esposo quiere que vayan a cenar el día de Navidad. Eso es posible si viven en la misma ciudad, pero cuando viven a 800 kilómetros de distancia, resulta imposible. La solución debe basarse en el principio de la igualdad. Esto puede significar pasar las Navidades con unos padres un año y con los otros padres el año siguiente.

"Honrar" también implica hablar con amabilidad a los padres y a los suegros. Pablo advierte: "No reprendas al anciano, sino exhórtale como a padre" (1 Timoteo 5:1). Debemos ser comprensivos y compasivos. Por supuesto que debemos decir la verdad, pero siempre en amor (Efesios 4:15). El mandato de Efesios 4:31-32 debe tomarse con toda seriedad en lo que respecta a nuestra relación con los padres: "Quítense de vosotros toda amargura, enojo, ira, gritería y maledicencia, y toda malicia. Antes sed benignos unos con otros, misericordiosos, perdonándoos unos a otros, como Dios también os perdonó a vosotros en Cristo". En 1 Timoteo 5:4 encontramos otro aspecto de lo que significa honrar a los padres: "Pero si alguna viuda tiene hijos, o nietos, aprendan éstos primero a ser piadosos para con su propia familia, y a recompensar a sus padres; porque esto es lo bueno y agradable delante de Dios".

Cuando éramos jóvenes, nuestros padres suplieron nuestras necesidades físicas. A medida que ellos envejecen, puede que nosotros tengamos que hacer lo mismo por ellos. Si surge esa necesidad, debemos asumir la responsabilidad de atender las necesidades físicas de nuestros padres. No cumplir dicha responsabilidad es negar nuestra fe en Cristo (1 Timoteo 5:8). Por medio de nuestras acciones debemos mostrar nuestra fe en Cristo y honrar a nuestros padres.

Construir una amistad con sus hijos adultos independientes puede ser una de las alegrías más grandes para los padres en su edad madura, y expandir la familia con una nueva nuera o yerno (y otros parientes) puede ser una dicha. Algunos hijos adultos han descubierto que dado el difícil panorama de años recientes prefieren mudarse más cerca de sus padres, no para depender de ellos, sino para ser familia juntamente con ellos. Si, esto es algo que agrada a Dios.

Si pudiera hacer otra sugerencia práctica, aconsejaría que aceptes a tus suegros tal como son. No pienses que tienes el deber de cambiarlos. Si no son cristianos, por supuesto que desearás orar por ellos y buscarás oportunidades para presentarles a Cristo, pero no trates de amoldarlos a tus ideas. Tú esperas que ellos te den independencia para poder desarrollar tu matrimonio. Dales a ellos lo mismo.

> **ACEPTA A TUS SUEGROS TAL COMO SON. NO PIENSES QUE TIENES EL DEBER DE CAMBIARLOS.**

No critiques a tus suegros delante de tu cónyuge. La responsabilidad de tu cónyuge es la de honrar a sus padres. Cuando tú los criticas, le haces más difícil acatar esta fórmula. Cuando tu cónyuge critique los defectos de sus padres, señálale sus virtudes. Resalta las cualidades positivas y cultiva la honra.

La Biblia presenta algunos bellos ejemplos de relaciones sanas con los suegros. Moisés tenía esa clase de relación con su suegro, que cuando supo del llamado de Dios de irse de Madián para conducir a los israelitas fuera de Egipto, "Jetro dijo: Ve en paz" (Éxodo 4:18). Más adelante, tras el éxito de la empresa de Moisés, su suegro fue a verlo.

"Y Moisés salió a recibir a su suegro, y se inclinó, y lo besó; y se preguntaron el uno al otro cómo estaban, y vinieron a la tienda" (Éxodo 18:7). Fue en esta visita que Jetro le dio a Moisés el consejo que mencioné anteriormente. Su franqueza para con su suegro revela en parte la naturaleza de su relación.

Rut y Noemí sirven de ejemplo de la devoción de una nuera por su suegra tras la muerte de ambos esposos. Jesús dirigió uno de sus milagros a la suegra de Pedro y ella a su vez sirvió a Jesús (Mateo 8:14-15).

La libertad y la armonía son ideales bíblicos para las relaciones con los suegros. El tren de la voluntad de Dios debe correr por las vías paralelas de la separación *de* los padres y la devoción *hacia* los padres.

UN MENSAJE PARA LOS PADRES...

¿Y si tú, que lees esto, eres uno de los suegros? Yo te pediría que recordaras la escena de la boda de tu hijo o hija. Fue más o menos así:

"Ahora los declaro marido y mujer", declara el pastor. La nueva pareja está radiante; no tienen ojos sino el uno para el otro. Ustedes, sentados en la parte delantera de la iglesia, derraman una lágrima, o quizá lloran más abiertamente. Esta es la culminación de su trabajo. Desde que sus hijos nacieron hasta que se casaron, ustedes han estado entrenando a sus hijos para la independencia.

En efecto, desde antes que sus hijos se casen, ustedes los han entrenado para valerse por sí mismos y para funcionar como personas maduras bajo Dios. Les enseñaron a preparar la comida, limpiar los platos, tender la cama, comprar ropa, ahorrar dinero y tomar decisiones responsables. Les enseñaron el respeto hacia la autoridad y el valor del individuo. En fin, tú y tu cónyuge han procurado encaminarlos a la madurez.

Ahora, con el matrimonio, el entrenamiento termina y su independencia se cristaliza. Es de esperar que ustedes los hayan ayudado a transitar de un estado de total dependencia de los padres en la infancia al de total independencia como recién casados. A partir de este momento, tú y tu cónyuge deben verlos como adultos que trazarán su propia ruta para bien o para mal. Como padres, nunca más deben imponerles su voluntad. Deben respetarlos como iguales.

¿Cuál es, entonces, nuestra función como suegros? La intervención de los padres en la vida de los recién casados ha cambiado desde la época en que las parejas solían casarse recién graduados de la escuela secundaria o mientras eran estudiantes en la universidad. En la actualidad, la edad promedio de casamiento es hacia los 25 o más años. Con frecuencia, los miembros de la nueva pareja han estado viviendo solos, cada uno por su cuenta, a distancia. Los padres de hoy están ocupados en sus propios intereses y prefieren no interferir con la vida de sus hijos adultos.

Aun así…

Algunas cosas no cambian. Todos los padres desean que sus hijos adultos empiecen con el pie derecho. Con la ventaja de la experiencia y ojalá un poco de sabiduría, deseamos transmitirles sabios consejos, o al menos ayudarles a evitar los mismos errores que cometimos nosotros.

Sin duda, los padres deben sentirse en libertad de aconsejar a la joven pareja (aunque siempre es mejor esperar a que lo pidan). Incluso en esto, los padres deben tratar de no imponer sus consejos a la joven pareja. Ofrezcan sugerencias si se las piden, o si creen que es su obligación darlas, háganlo y luego tomen distancia y den libertad a la pareja para que tome sus propias decisiones. Es esencial que no expresen resentimiento si ellos no siguen sus sugerencias. Ofrézcanles la ventaja de su sabiduría y, al mismo tiempo, la libertad de cometer sus propios errores. Esto es tan difícil como cuando los hijos eran más jóvenes… pero es la única manera como pueden llegar a madurar y crecer.

¿Qué decir acerca de la ayuda financiera? El pecado capital de los padres es usar la ayuda financiera para coaccionar a la joven pareja a avenirse a los deseos de los padres: "Les compraremos un juego de dormitorio si se mudan a la casa de al lado". Está bien dar regalos siempre y cuando se ofrezcan con amor y sin condiciones; los regalos que exigen un compromiso se convierten más en instrumentos y dejan de ser regalos. Los padres deben tener sumo cuidado de caer en esta tentación.

Esto no significa que ya no los ayudemos, sino que toda ayuda debe darse de una manera responsable que aliente la independencia en lugar de la dependencia, y que no ponga en riesgo nuestras propias necesidades económicas, especialmente cuando entramos en la jubilación. Si se ofrece ayuda financiera, debe hacerse con miras a ayudarles a alcanzar su independencia de nuestro apoyo en lugar de hacerlos dependientes de esta. No debemos ayudar a promover un estilo de vida que no puedan costear por sí solos.

A MODO DE CONCLUSIÓN

Como hemos señalado, muchos padres e hijos casados encuentran nuevas alegrías con el crecimiento de la familia. Sin importar que vivan a la vuelta de la esquina o en el otro extremo del país, ustedes también pueden descubrir nuevas alegrías, conforme Dios manda y los capacita.

MANOS A LA OBRA

1 ¿Tienes algún problema con tus padres o con los padres de tu cónyuge? Si la respuesta es afirmativa, escribe esos problemas de manera específica.

2. ¿Cuáles de los principios tratados en este capítulo han incumplido tus padres o suegros? Escríbelos y vuelve a ser específico. (Lee esta sección de nuevo si hace falta).

3. ¿Cuáles de los principios tratados en este capítulo has incumplido tú o tu cónyuge en relación con tus padres o suegros? Escríbelos en términos específicos. ¿Qué crees que debe hacerse para rectificar la situación?

4. Invita a tu cónyuge a que lea la sección acerca de los suegros y que responda las preguntas anteriores.

5. Después de hacerlo, reúnanse para intercambiar sus respuestas. Observen si coinciden en los problemas y planteen cuáles acciones deben tomar para enfrentarlos.

6. Cualquiera sea la estrategia que hayan acordado (una conversación amigable o una confrontación con los suegros, una confesión de descuido o error de parte de ustedes), aplíquenla con bondad constante y con firmeza cuando sea necesario. Recuerden que el deseo de ustedes es mejorar la relación, no destruirla.

CAPÍTULO NUEVE

El amor y el dinero

A VECES PARECE QUE cuanto más tenemos, más discutimos acerca de lo que tenemos. En los Estados Unidos, la pareja más pobre tiene abundancia en comparación con las grandes masas de la población mundial. Estoy convencido de que el problema no radica en la cantidad de dinero que posee la pareja, sino en la actitud hacia el dinero y la forma como lo administra.

"Recuerdo que hace unos años teníamos problemas económicos y discutíamos mucho", recuerda una mujer que conozco. "Siempre nos sentábamos para hablar acerca de dinero y en todos los casos terminábamos en pelea y acusación. No nos gustó lo que los asuntos de dinero producían en nuestra relación. Al fin decidimos que sin importar cuáles fueran nuestras circunstancias, mantendríamos una actitud positiva. Eso marcó un nuevo rumbo de ahí en adelante".

¿"MÁS" SIGNIFICA "MEJOR"?

La escritora Jeanette Clift George ha dicho: "La gran tragedia de la vida no es la incapacidad de lograr lo que uno se propone. ¡La gran tragedia de la vida es conseguirlo con sacrificio y descubrir que no valía la pena!". Tiene razón. Las investigaciones en psicología han descubierto que la "emoción" se desvanece más bien rápido después que compramos lo que queremos, y luego volvemos a subirnos en el carrusel de tener "más", sin sentirnos jamás satisfechos.

La mayoría de las parejas está convencida de que, si cada uno ganara 200 dólares más al mes, podrían pagar los gastos. Sin embargo, la verdadera satisfacción no se encuentra en el dinero (alguna cantidad determinada), sino en "la justicia, la piedad, la fe, el amor, la paciencia, la mansedumbre", en fin, vivir con Dios de acuerdo con sus valores (1 Timoteo 6:11). Hacer el bien, tratar a otros como los trataría Dios, expresar amor, ser paciente con los defectos y tener una visión objetiva de uno mismo son las cosas que procuran verdadera satisfacción al matrimonio.

DOS HOGARES

En una ocasión visité dos hogares opuestos. El primero vivía en una casa pequeña de tres habitaciones. Entré a la sala donde había un fogón de keroseno de un solo quemador en el centro. En una esquina se hallaba el bebé en su pequeña cuna; en la otra esquina, el perro. Las paredes tenían un solo cuadro, junto al almanaque. Dos sillas de madera de espaldar recto y un viejo sofá descansaban sobre un piso de madera sin pulir. Las puertas que conducían a la cocina a la izquierda y al cuarto a la derecha eran del tipo de puerta antigua de tablas hechas a mano, con ranuras entre los listones.

Era un ambiente exiguo según los estándares contemporáneos estadounidenses, pero el calor humano que percibí durante mi visita a esa joven pareja fue increíble. Era evidente que se amaban, amaban a su bebé y amaban a Dios. Eran felices. La vida era emocionante.

Cuando salí de allí, fui al otro extremo de la ciudad y conduje mi auto por una entrada pavimentada a una bella y espaciosa casa de ladrillos. Los pies se me hundieron en la alfombra cuando entré a la casa. Cuando pasé a la sala, vi hermosos cuadros colgados en la pared. El fuego de la chimenea tenía un calor agradable (aunque solo era decorativa) y el perro estaba tumbado sobre un sofá ultramoderno.

Me senté para hacer la visita, pero al poco rato de estar allí me di cuenta de que el único calor en ese hogar era el de la chimenea. Percibí frialdad y hostilidad envueltas en dinero. Esa noche volví a casa diciendo: "Dios mío, si alguna vez tuviera que escoger entre las dos, dame la casa de tres habitaciones con el calor y el afecto de la esposa y la familia".

No quiero idealizar la pobreza. Los estudios han demostrado que las privaciones y las dificultades constantes producen efectos de amplio alcance en el cerebro y en las emociones. Y es incuestionable que muchas parejas adineradas son verdaderos siervos del Señor. No obstante, debemos poner estos asuntos en perspectiva, como nos recuerda Jesús: "Mas buscad primeramente el reino de Dios y su justicia, y todas estas cosas os serán añadidas" (Mateo 6:33). "Estas cosas" incluye comida, ropa y techo (v. 25). La preocupación

> **LA PREOCUPACIÓN POR EL DINERO, YA SEA TENERLO O NO TENERLO, PUEDE AFECTAR NUESTRA RELACIÓN CON DIOS Y CON NUESTRO CÓNYUGE.**

por el dinero, ya sea tenerlo o no tenerlo, puede afectar nuestra relación con Dios y con nuestro cónyuge.

La mayoría tenemos que trabajar para ganarnos la vida y es a través de ese acto que Dios normalmente satisface nuestras necesidades. No obstante, el trabajo es solo uno de los actos "justos". Hay muchos más: la piedad, la fe, el amor, la paciencia y la humildad. No debemos permitir que el afán por el dinero debilite esos aspectos más importantes, no sea que dejemos pasar la vida y, al final, descubramos que no sirvió de nada el dinero.

Jesús nos advirtió contra este peligro cuando dijo: "Ninguno puede servir a dos señores; porque o aborrecerá al uno y amará al otro, o estimará al uno y menospreciará al otro. No podéis servir a Dios y a las riquezas" (Mateo 6:24). El dinero es un sirviente excelente, pero un mal amo; un medio útil, pero un fin vano. Cuando el dinero se convierte en nuestro dios, estamos en verdadera bancarrota.

USAR LO QUE DIOS NOS DA

A Dios le interesa la forma en que usamos lo que Él nos da (Mateo 25:14-30). El Señor le dijo al fiel administrador: "Bien, buen siervo y fiel; sobre poco has sido fiel, sobre mucho te pondré" (v. 21), "porque a todo aquel a quien se haya dado mucho, mucho se le demandará" (Lucas 12:48).

Los recursos financieros, ya sean abundantes o modestos, pueden usarse de infinidad de formas para lo bueno. Como administradores, tenemos la responsabilidad de utilizar de la mejor manera todo lo que se nos confía. Una buena planificación, las compras sensatas, el ahorro y la inversión responsable son parte de nuestra administración. Otro aspecto de una fiel administración es dar a Dios a través de la iglesia y de otras organizaciones cristianas. El modelo del acto de dar, establecido en el Antiguo Testamento y elogiado en el Nuevo Testamento, es el diezmo. Es decir, dar la décima parte de los ingresos a la obra directa del Señor (Levítico 27:30; Mateo 23:23).

Sin embargo, más importante incluso que la cantidad o el porcentaje es nuestra actitud hacia el acto de dar. Las Escrituras indican que debemos dar con un corazón dispuesto. El acto cristiano de dar es un acto voluntario animado por el amor a Dios, no un deber legalista pensado para ganar méritos. Al respecto, Pablo dice:

> El que siembra escasamente, también segará escasamente; y el que siembra generosamente, generosamente también segará. Cada uno dé como propuso en su corazón: no con tristeza, ni por necesidad, porque Dios ama al dador alegre. Y poderoso es Dios para hacer que abunde en vosotros toda gracia, a fin de que, teniendo siempre en todas las cosas todo lo suficiente, abundéis para toda buena obra (2 Corintios 9:6-8).

A muchas personas les gusta reclamar la gracia y la abundancia de Dios, pero no se percatan de que esa promesa está dirigida al dador alegre. Las Escrituras dicen que uno de los propósitos de trabajar por un salario es poder dar a los necesitados: "El que hurtaba, no hurte más, sino trabaje, haciendo con sus manos lo que es bueno, para que tenga qué compartir con el que padece necesidad" (Efesios 4:28). Para los cristianos, cualquier deliberación acerca de las finanzas debe incluir previsiones para dar de manera proporcional, con frecuencia y alegría a las cosas de Dios.

TUYO, MÍO, NUESTRO

La pareja que busca la unidad en su relación debe recordar que en los inicios del matrimonio y de ahí en adelante ya no será "mi dinero" y "tu dinero", sino "nuestro dinero". Así mismo, ya no serán "mis deudas" y "tus deudas", sino "nuestras deudas". Si vas a casarte con un recién graduado que debe veinte mil dólares por concepto de préstamo estudiantil y tú debes cincuenta dólares de tarjeta de crédito, al final de la boda juntos tienen una deuda de veinte mil cincuenta dólares. Cuando ustedes se aceptan mutuamente como cónyuges, aceptan tanto las deudas como los bienes.

Antes del matrimonio, ambos miembros de la pareja deben revelar la información completa sobre sus bienes y sus deudas. Aunque no es incorrecto entrar al matrimonio con deudas, sí es preciso saber en qué consisten esas deudas y ponerse de acuerdo en un plan y un calendario de pago. Ya que van a ser "nuestras" deudas, es indispensable que "nosotros" conversemos al respecto y acordemos un plan de acción.

He conocido parejas que no discutieron este tema lo suficiente antes del matrimonio y después de la boda descubrieron que entre los dos tenían una deuda tan grande que ya se sentían con una soga financiera al cuello. Qué trágico tener que comenzar un matrimonio con semejante desventaja. En mi opinión, una deuda considerable sin recursos objetivos para pagarla es motivo suficiente para posponer una boda. La irresponsabilidad financiera antes del matrimonio es un indicador de irresponsabilidad financiera después del matrimonio. La mayoría de las parejas tienen deudas al casarse, como por ejemplo préstamos para estudios, de modo que revelar toda la información financiera les permitirá a ambos enfrentar el matrimonio de manera realista.

Los bienes también se convierten en bienes conjuntos. Puede que ella tenga seis mil dólares en una cuenta de ahorros y él solo tenga ochenta dólares, pero cuando decidieron casarse, "ellos" tienen seis mil ochenta dólares. Si no te sientes cómodo con este concepto de "unidad", es porque todavía no está preparado para el matrimonio.

¿Acaso no establecimos que el motivo mismo del matrimonio es la unidad? Cuando de finanzas se trata, hay que encaminarse a la unidad.

Puede haber casos en los que, debido a que tienen grandes propiedades, sería prudente que la pareja retuviera la posesión individual de determinados inmuebles o bienes para efectos de impuestos, pero en la mayoría de los casos el principio de unidad implica cuentas de ahorros conjuntas, cuentas corrientes conjuntas, propiedades conjuntas, etc. Somos una sola entidad y deseamos expresar nuestra unidad en las finanzas, así como en otros aspectos de la vida.

Puesto que es "nuestro" dinero, somos "nosotros" quienes debemos acordar cómo lo vamos a gastar. El modelo para la toma de decisiones que se expuso en el capítulo 6 puede aplicarse tanto a las decisiones financieras como a otro tipo de decisiones. Cualquier decisión financiera debe estar precedida de una comunicación abierta y la finalidad de toda deliberación debe ser llegar a un acuerdo. Recuerden que son compañeros de equipo, no competidores. El matrimonio se afianza cuando hay acuerdo en los asuntos financieros.

ACUERDEN PONERSE DE ACUERDO EN LAS COMPRAS GRANDES... Y EN UN PRESUPUESTO

Un principio práctico que puede evitar muchas tragedias es acordar mutuamente que ninguno de los dos cónyuges hará una compra grande sin consultar al otro. El objetivo de consultarse es el de llegar a un acuerdo respecto a la compra. El término "compra grande" debe definirse claramente con una cifra exacta. Por ejemplo, la pareja puede convenir que ninguno de los dos comprará nada que cueste más de 50 dólares sin antes ponerse de acuerdo con su cónyuge.

Es cierto que muchos televisores de plasma aún estarían en las vidrieras si las parejas siguieran este principio, pero también es cierto que muchas parejas serían mucho más felices. La unidad entre los cónyuges es más importante que cualquier compra material.

> **UN PRESUPUESTO ES SENCILLAMENTE UN PLAN PARA MANEJAR EL DINERO.**

Asimismo, la pareja necesita ponerse de acuerdo en un modelo básico para los gastos. La palabra *presupuesto* asusta a muchas parejas, pero en realidad todas las parejas tienen un presupuesto. Un presupuesto es sencillamente un plan para manejar el dinero. Muchas parejas no tienen un presupuesto por escrito y otras tantas no tienen un presupuesto muy eficiente, pero todas las parejas tienen un plan. Por tanto, la pregunta no es: "¿Deberíamos tener un presupuesto?", sino más bien: "¿Cómo podemos mejorar nuestro presupuesto?". "Ya tenemos un plan, pero ¿podemos tener un plan mejor?".

Funcionar sobre la base de un presupuesto no tiene que ser un molesto procedimiento de contaduría donde se anota diligentemente cada centavo gastado. Más bien, un presupuesto es un plan financiero, la sencilla aplicación de la razón y la fuerza de voluntad a la administración de sus ingresos. Ustedes deciden cómo gastar su dinero. Es mucho mejor tomar esa decisión basada en la razón tras una comunicación franca con tu cónyuge que basada en las emociones cuando se está frente a algún vendedor.

¡PLANIFICA PLANIFICAR!

No es objetivo de esta obra brindar una ayuda detallada acerca de cómo hacer un presupuesto, porque eso puede encontrase fácilmente en otros libros. También hay numerosos programas de presupuesto que están disponibles en línea. Al final del libro encontrarás otros recursos.

Mi objetivo es desafiarte a que reconsideres tu actual plan financiero (presupuesto). ¿Existe alguna manera de aprovechar más los recursos que tienes? Como administrador tienes la responsabilidad de averiguarlo. ¿Por qué seguir haciendo las cosas de la misma forma año tras año cuando un poco de tiempo y reflexión podrían traducirse en mejoras? Si hay alguien que debería sentirse motivado a aprovechar al máximo los recursos financieros es el cristiano. Como creyente, tú estás bajo órdenes divinas y todo lo que posees te ha sido confiado por Dios, a quien debes rendirle cuentas (Mateo 25:14-30). Mejorar la planificación financiera no es solo para beneficio suyo, sino también del reino de Dios (Mateo 6:33).

A la hora de examinar tu plan financiero, déjame sugerirte otras lecciones de las Escrituras que vale la pena considerar. Lo primero es siempre lo primero y para el cristiano el reino de Dios debe ir primero. La promesa de Mateo 6:33 es práctica. Tenemos la tendencia a invertir nuestras prioridades. Ponemos la comida, la ropa, la vivienda y el placer en primer lugar y, si queda algo, le hacemos una ofrenda a la iglesia. ¡Qué diferente es esto al modelo bíblico! Eran las "primicias" lo que debía dar Israel a Dios, no las sobras. Salomón nunca fue más certero que cuando dijo: "Honra a Jehová con tus bienes, y con las primicias de todos tus frutos; y serán llenos tus graneros con abundancia, y tus lagares rebosarán de mosto" (Proverbios 3:9-10). ¿Te has preguntado alguna vez por qué el granero está vacío? ¿Será porque te has concentrado en el granero en lugar del reino de Dios?

Mi sugerencia es que desde el comienzo mismo del matrimonio fijes tu presupuesto para dedicar el primer 10 por ciento de tus ingresos a una ofrenda de agradecimiento al Señor. Después de todo, el gobierno civil exige que el impuesto sobre la renta se saque antes de que recibas tu cheque. Aunque Jesús no se oponía a tales impuestos insistió en que también debemos dar "a Dios lo que es de Dios" (Mateo 22:17-22). En ocasiones, desearás dar ofrendas aparte del diezmo, pero el diezmo debe considerarse el parámetro mínimo para aquellas parejas que toman los principios bíblicos en serio.

¡PLANIFICA AHORRAR!

Otra lección bíblica para crear un presupuesto es la de planear para el futuro. "El avisado ve el mal y se esconde; mas los simples pasan y reciben el daño" (Proverbios 22:3). A lo largo de las Escrituras, el hombre sabio o la mujer sabia es quien planea con anticipación para satisfacer las necesidades de su familia, negocio u otra empresa (Lucas 14:28-30). Planear de antemano supone ahorrar e invertir. Surgirán dificultades inesperadas. De eso puedes estar seguro. Por lo tanto, el administrador sabio planea con anticipación ahorrando. No ahorrar una parte de los ingresos constituye una mala planificación. También existen muchas herramientas para ahorrar e invertir, y muchos tipos de ahorros, desde el fondo de emergencia hasta las inversiones con miras a la jubilación. Educarse en el tema de la administración eficiente del dinero reporta grandes beneficios.

Juntos deberán acordar el porcentaje que les gustaría ahorrar, pero algo debe ahorrarse de manera sistemática. Muchos asesores financieros cristianos sugieren asignar un 10 por ciento al ahorro y las inversiones. Podrás asignar un poco más o un poco menos, pero la decisión es tuya. Si ahorras lo que te queda después de atender otros asuntos, no vas a ahorrar. ¿Por qué no te conviertes en tu propio "acreedor número 1"? Después del diezmo, págate a ti mismo antes de pagarle a otros. Muchos empleados depositan de manera automática parte de su salario en una cuenta de ahorros.

La pareja que ahorra de manera sistemática un porcentaje de sus ingresos no solo tendrá un fondo de reserva para las emergencias, sino que también tendrá la satisfacción de ser buenos administradores. Contrario a lo que algunos cristianos piensan, uno no es más espiritual por gastar todo lo que gana. (Según algunos, se supone que esto llevaría a las personas a ejercitar más fe en que Dios les provea en caso de necesidad. Mi opinión es que esto es sencillamente una mala administración). El ahorro sistemático debe ser parte de tu plan financiero.

Si asignas un 10 por ciento a la obra del Señor y ahorras otro 10 por ciento, queda un 80 por ciento para distribuirlo entre el pago de la hipoteca (o el alquiler), los servicios públicos (con la Internet incluida), el seguro, los préstamos educativos, los impuestos, la comida, los gastos médicos adicionales, la educación. Si bien estos gastos son esenciales, es sabio darse a la tarea de buscar mejores tasas de interés para préstamos o una cuota de Internet más razonable. Luego tenemos los gastos complementarios: ropa, enseres, recreación, viaje, muebles, suscripciones, regalos, etc. La forma como se distribuye todo esto es decisión tuya, pero recuerda que tú eres un administrador. Debes rendirle cuentas a Dios por el 100 por ciento de tus recursos. El administrador no puede darse el lujo de gastar sin pensar.

Comprar sabiamente es determinante. A pesar de las bromas que oímos acerca de la esposa que gasta cinco dólares en gasolina para ir a la tienda donde ahorra dos dólares, el comprador sagaz puede lograr ahorros sustanciales. Ese estilo de compra exige tiempo y energías. Es trabajo e implica mucha perspicacia, pero los beneficios se verán en el dinero extra que puede usarse en otras necesidades o deseos. Mi esposa y yo tenemos un procedimiento estándar cuando ella llega a casa después de un día de tiendas. Nunca le pregunto cuánto gastó, sino cuánto ahorró. Es mucho más agradable de esa manera. Dominar el arte de saber comprar e incluso, o más importante aún, saber comprar en línea, vale la pena. (Recuerda que los proveedores de compras en línea como Amazon y otros han facilitado en exceso la opción de gastar con un solo clic. Cuentan con sofisticados algoritmos que les permiten tentarte con ofertas a tu medida. ¡Sé sagaz!).

> **AMAZON Y OTROS HAN FACILITADO EN EXCESO LA OPCIÓN DE GASTAR CON UN SOLO CLIC.**

Antes de concluir el tema de la planificación de los gastos, te sugiero que incluyan en sus planes algún dinero para que cada cónyuge lo utilice como desee sin tener que dar cuenta de cada centavo. No tiene que ser una suma grande, pero el esposo necesita poder comprar una barrita de chocolate sin tener que pedirle un dólar a su esposa.

COMPRA AHORA... PAGA DESPUÉS MUCHÍSIMO MÁS

Otro asunto sumamente importante que todas las parejas deben tratar es la compra a crédito. Si yo tuviera que escoger una alerta roja, sería esta. Los medios de difusión anuncian por todas partes: "Compra ahora, paga después". Lo que no dicen es que, si compras ahora sin dinero, pagarás después muchísimo más. Las tasas de interés de las cuentas de crédito son múltiples. Algunas son del 11, 12 o 15 por ciento, mientras que muchas son del 18 o 21 por ciento e incluso más altas. Las parejas deben leer la letra pequeña. El crédito es un privilegio por el que hay que pagar y el costo no es el mismo en todos los planes.

Las tarjetas de crédito son un estilo de vida en la sociedad contemporánea. Si se usan de manera responsable, pueden ayudarnos a llevar un registro de gastos, a la hora de alquilar un auto durante un viaje y a elevar nuestra calificación crediticia, lo cual puede ser de utilidad cuando se solicita un préstamo de vivienda, entre muchos otros. Sin embargo, para muchas parejas la tarjeta de crédito es un carné de membresía a "la sociedad de gente frustrada económicamente". La tarjeta incita la compra impulsiva y la mayoría tenemos más impulsos de los que nos podemos costear. La pareja responsable usará la tarjeta de crédito solo para compras que pueden pagar. No cederán a la tentación de "compra ahora, paga después muchísimo más".

¿Por qué usamos crédito? Porque queremos de inmediato lo que no podemos pagar ahora mismo. O se usa cuando se presenta una emergencia, un gasto inesperado del auto o un gasto veterinario para el perro.

Cuando se compra una casa, el crédito puede ser una decisión financiera inteligente. De cualquier modo, tendríamos que pagar alquiler. Si escogemos bien la casa, aumenta de valor. Si tenemos el dinero para hacer el pago inicial y podemos abonar los pagos mensuales, esa es una compra inteligente. Por otro lado, la mayoría de las compras que hacemos no se revalorizan; su valor comienza a disminuir el día que hacemos la compra. Compramos antes de que podamos pagar. Pagamos el precio de compra más los intereses por el crédito, al tiempo que el artículo adquirido continúa depreciándose. ¿Por qué? Por el placer momentáneo que el artículo nos da. Yo simplemente pregunto: "¿Esto demuestra una administración responsable?".

Sé que existen ciertas "necesidades" en nuestra sociedad, pero ¿por qué la joven pareja de casados tiene que pensar que puede conseguir en el primer año de su matrimonio lo que sus padres tardaron treinta en obtener? ¿Por qué tiene que tener lo mejor y lo más grande ahora mismo? Con esa filosofía se destruye la alegría de aspiración y de logro. Logras lo que quieres de inmediato. La alegría dura poco y luego pasas meses sufriendo, tratando de pagarlo. ¿Para qué cargar con presiones innecesarias?

Las "necesidades" en la vida son relativamente pocas. No me opongo a la aspiración de tener más y mejores "cosas", si a esas cosas se les da buen uso, pero sugiero que vivas en el presente y no en el futuro. Deja las alegrías futuras para los logros futuros. Disfruta hoy de lo que tienes hoy.

Durante muchos años, mi esposa y yo nos propusimos un juego que hemos llegado a disfrutar mucho. Se llama: "Veamos de cuántas cosas podemos prescindir que los demás consideran indispensables". Todo comenzó por necesidad cuando estábamos haciendo un posgrado, pero nos encantó y hemos seguido jugándolo.

El juego funciona de la siguiente manera: El viernes o el sábado por la noche vayan juntos a alguna tienda como, por ejemplo, Target. Recorran los pasillos y observen todo lo que les llame la atención. Lean lo que dicen las etiquetas, comenten sobre lo fascinante que es cada uno de los artículos y luego mírense y digan: "¡Qué maravilloso que no tengamos que tener eso!". Luego, mientras las demás personas salen llenas de paquetes y con sus firmas en los recibos, ustedes salen tomados de la mano, emocionados de saber que no necesitan tener "cosas" para ser felices. Les recomiendo sinceramente este juego a todas las jóvenes parejas de casados.

Déjenme aclarar un asunto. No estoy sugiriendo que nunca

compren nada a crédito. Como dije anteriormente, a veces sobrevienen emergencias y, en el mejor de los casos, la deuda crediticia se paga con prontitud. Lo que yo sugiero es que las compras a crédito deben estar precedidas de la oración, el debate y, si fuere necesario, del consejo de un asesor financiero de confianza. Si hubieran seguido esos pasos, muchas parejas cristianas que hoy se encuentran atrapadas en una servidumbre financiera estarían hoy caminado por las calles como hombres y mujeres libres. Yo no pienso que la voluntad de Dios sea que sus hijos vivan como esclavos. Muchas personas en la actualidad viven bajo esa servidumbre por cuenta de las compras imprudentes a crédito.

Soy consciente de que vivimos en un mundo de tarjetas de crédito. Sin embargo, las tarjetas de crédito no fueron creadas para ayudarte a ti a ahorrar dinero. Fueron creadas para ayudar a la compañía crediticia a ganar dinero. Por supuesto, si pagas cada mes el monto total que debes, no te cobran intereses, pero si no lo haces, mira tu próximo extracto bancario y casi con toda seguridad verás que la tasa de interés es de alrededor del 20 por ciento, extremadamente alta. Pedir un préstamo personal en tu banco local te daría una tasa de interés mucho más baja. Conclusión: Las tarjetas de crédito no son el lugar para comprar crédito y además incitan a comprar de manera impulsiva.

USEN SU CREATIVIDAD PARA SU PROPIO BENEFICIO Y EL DE LOS DEMÁS

Otra lección práctica de la verdad bíblica acerca de las cuestiones financieras tiene que ver con nuestra capacidad creativa. Los seres humanos somos creativos por naturaleza. Los museos de arte e industria del mundo entero son testigos mudos, aunque visuales de esta creatividad. Somos hechos a imagen de un Dios que crea y nosotros que llevamos su imagen tenemos una inmensa capacidad creativa. La pareja cristiana que canaliza su creatividad hacia las necesidades financieras obtendrá ganancias significativas. Las manualidades, la costura, la restauración de muebles usados, el reciclaje de lo que otros desechan y otras prácticas pueden obrar maravillas en el presupuesto. El uso de las capacidades creativas especiales también nos puede llevar a producir artículos que podemos comercializar y que se convierten en una fuente de ingresos adicional. Existen muchos sitios en línea donde pueden venderse dichos productos.

> **LA PAREJA CRISTIANA QUE CANALIZA SU CREATIVIDAD HACIA LAS NECESIDADES FINANCIERAS OBTENDRÁ GANANCIAS SIGNIFICATIVAS.**

Hace unos años llevé conmigo a algunos alumnos universitarios a Chiapas, estado del extremo sur de México, de visita al campamento en la selva del Instituto Lingüístico de Verano. Allí vimos a misioneros adiestrándose para vivir en un medio tropical. Aprendían a construir viviendas, hornos, sillas y camas a partir de materiales que podían conseguir en la selva. Muchas veces he reflexionado acerca de aquella experiencia. Si la pareja cristiana promedio usara esa misma creatividad, ¿cuánto más no lograría? No estoy proponiendo que construyan su propia casa, sino que le den buen uso a su creatividad, para su propio beneficio y el de los demás.

EL EQUIPO FINANCIERO

Abordemos ahora la pregunta: "¿Quién llevará la contabilidad?". Definitivamente creo que la pareja debe decidir quién paga las cuentas, se encarga de las operaciones bancarias en línea, hace seguimiento de las inversiones y supervisa que los fondos se gasten conforme al plan que han acordado mutuamente. Puede hacerlo el esposo o la esposa. Dado que son un equipo, ¿por qué no encargar al que está más capacitado para la tarea? Conforme la pareja analiza los detalles financieros, por lo general resulta evidente cuál de los dos es el más diestro en la materia. Una pareja recién casada que conocemos delegó al principio al esposo la contabilidad, pero en poco tiempo se dieron cuenta de que la esposa era mucho más hábil en esa área, ¡y el esposo se sintió aliviado de poder ceder la responsabilidad!

Esto no significa que el encargado de la contabilidad sea el responsable de tomar las decisiones financieras. Las decisiones deben tomarse en equipo. El tenedor de libros no tiene necesariamente que serlo toda la vida. Por una u otra razón, puede que al cabo de los primeros seis meses coincidan en que sería más sensato que el otro cónyuge sea el tenedor de libros. El matrimonio es de ustedes y ustedes son los responsables de aprovechar al máximo los recursos que tienen a su disposición.

No obstante, asegúrense que el cónyuge que no lleva la contabilidad sepa hacerlo y tenga pleno conocimiento de las diferentes cuentas corrientes y de ahorros, así como de las inversiones. Esto es saber administrar con inteligencia, dado que uno de los dos probablemente morirá primero que el otro. Ser un administrador cristiano exige ser realista.

A MODO DE CONCLUSIÓN

Si tienen presente que ustedes forman un equipo y, por lo tanto, trabajan en equipo, siguiendo las pautas bíblicas tratadas en este capítulo, buscando ayuda práctica cuando sea necesario y acordando decisiones financieras, descubrirán que el dinero es su sirviente fiel. Si, por el contrario, pasan por alto los principios bíblicos y "hacen lo que se les ocurre", pronto se encontrarán en la misma crisis financiera que se ha convertido en un estilo de vida de miles de matrimonios cristianos.

Si actualmente están sufriendo esa crisis, es hora de cambiar radicalmente, hoy mismo. Existe una salida. Si no pueden pensar con claridad cómo resolver el problema, les encarezco que busquen asesoría del banco de su localidad o de un amigo cristiano experto en cuestiones financieras. Tal vez haya uno en su iglesia que se encargue de la planeación financiera, que sea un inversionista experto o que pueda dar asesoría para los impuestos. No sigan permitiendo que las finanzas frenen su caminar con Dios, sino úsenlas como un medio para lograr un fin, para servir y mejorar su vida con Él.

Por supuesto, el hecho de que sean un equipo financiero unido no garantiza que tendrán el matrimonio que siempre quisieron tener. No obstante, constituye un elemento importante en un matrimonio saludable. Después de todo, la unión y la unidad, con Dios y con el cónyuge, caracterizan a un matrimonio de propósito y realización. Busquen esa unidad en la comunicación, en la toma de decisiones, en la expresión sexual, en las finanzas y en las labores diarias en su relación, y pronto verán que tienen el matrimonio que siempre quisieron tener.

MANOS A LA OBRA

1. Es de suma importancia que tú y tu cónyuge sean totalmente transparentes en la administración del dinero. No siempre van a coincidir en sus apreciaciones, pero en un espíritu de unidad es necesario que tengan conversaciones periódicas acerca de sus finanzas que incluyan tanto el aspecto administrativo como los valores y creencias acerca del dinero.

2. Si están recién casados, ¿han hablado acerca de su respectiva situación financiera? ¿De la deuda educativa? ¿De la deuda por cuenta de tarjetas de crédito? ¿De las inversiones? Si no lo han hecho, agenden un tiempo para tratar los temas con información real.

3. ¿Tienen un plan para la administración del dinero a corto plazo (alguien encargado de pagar las cuentas o llevar registro de los pagos automáticos)? ¿Alguno de los dos disfruta "ir en busca" de promociones, como por ejemplo planes de teléfono?

4. ¿Qué piensa cada uno acerca de dar el 10 por ciento a la obra del Señor? ¿Creen que deberían hacerlo? ¿Qué piensan del ahorro?

5. Una buena forma de controlar tu dinero es: Durante un mes registra minuciosamente tus gastos. Aunque los extractos bancarios son útiles, no dependas de estos. Anota

todo. Al final del mes, enumera las categorías y el dinero gastado en cada una. Incluye en la lista los pagos semianuales, como el seguro del auto. Esto te dará una idea realista de tus gastos en relación con tus ingresos (contempla imprevistos).

6. ¿Pueden acordar que ninguno de los dos volverá a hacer una compra grande sin antes consultar al otro? (La cantidad puede variar según su propia situación financiera. Lo importante es que se pongan de acuerdo en lo que consideren "grande").

7. Contemplen la posibilidad de trabajar con un planificador financiero cristiano que les ayude a trazar un plan de finanzas. La presencia de un tercero que sea objetivo puede ser muy útil. Un aspecto importante del manejo del dinero es fijarse metas. Un planificador puede guiarlos en ese proceso. ¡La pareja que cultiva prácticas inteligentes desde el principio es sabia!

Epílogo

NUNCA HE CONOCIDO a una pareja que se haya casado con la intención de amargarse la vida uno al otro. La mayoría de las personas desean tener un cónyuge amoroso y comprensivo que brinda apoyo. Estoy convencido de que la manera más eficaz de tener un cónyuge así es convertirse en un cónyuge amoroso y compresivo que brinda apoyo.

Si tu cónyuge lee estos capítulos contigo y hace y analiza los ejercicios juntamente contigo, creo que descubrirán el matrimonio que siempre desearon. Si tu cónyuge no desea hacerlo, espero que de todas maneras tú apliques estos conceptos a tu propia vida. Trata de desarrollar una actitud positiva que se exprese en palabras y acciones amorosas. A medida que permites que Dios trabaje en tu corazón, puedes convertirte en un instrumento de influencia positiva sobre tu cónyuge.

El crecimiento conyugal exige tiempo y esfuerzo, pero empieza con el primer paso. Espero que este libro les ayude a dar ese paso. Si el libro les resulta de utilidad, desearía que le hablaran del mismo a sus amigos que también anhelan tener un matrimonio feliz. Aunque no tengo tiempo de responder personalmente todas las consultas, me gustaría saber cómo han progresado en su búsqueda del matrimonio que siempre han deseado en www.5lovelanguages.com.

Recursos adicionales

A CONTINUACIÓN, encontrarás algunas sugerencias de libros publicados por Editorial Portavoz que te ayudarán en temas como:

PRESUPUESTO Y FINANZAS

Burkett, Larry, editado y actualizado por Andrés G. Panasiuk. *Cómo manejar su dinero.* Un estudio práctico para ayudar al creyente a entender la actitud de Dios hacia el dinero.

Burkett, Larry. *La familia y sus finanzas.* Un estudio de las finanzas desde un punto de vista cristiano.

MacArthur, John. *¿A quién pertenece el dinero?* Una mirada franca al asunto de manejar el dinero de una manera cristiana. Considera la gratificación instantánea, la caridad, el éxito y otros temas importantes acerca de la fe y las finanzas.

Pegues, Deborah Smith. *Controla tus finanzas en 30 días.* Un plan simple y práctico para tomar las riendas de sus excedidos hábitos de gastos en solo treinta días.

CONFLICTO Y COMUNICACIÓN

Chapman, Gary. *5 ideas para fortalecer tu matrimonio en medio de las crisis inesperadas.* Cuando golpea una crisis generalizada, todas las facetas de la vida pueden verse afectadas. Si existe una orden de confinamiento, este impone repentinamente a los matrimonios una cercanía continua sin precedentes. A pesar de las restricciones, permite que el tiempo juntos sea una oportunidad para renovar el amor.

Chapman, Gary. *Ama a tu cónyuge… aún cuando quieras salir corriendo.* El matrimonio tiene el mismo potencial para ser miserable como lo es para ser maravilloso. Gary Chapman, un experimentado consejero matrimonial y familiar, te enseña cómo: reconocer y rechazar los mitos que te mantienen cautivo, entender mejor el comportamiento de tu cónyuge, asumir la responsabilidad de tus propios pensamientos, sentimientos y acciones, tomar decisiones que puedan tener un impacto positivo y duradero en ti y en tu cónyuge

Handford, Elizabeth Rice. *¿Yo, obedecer a mi marido?* Trata bíblicamente lo que significa ser una esposa obediente y el camino de Dios para la felicidad y la bendición en el hogar.

Mack, Wayne. *Fortaleciendo el matrimonio.* Información práctica referente al matrimonio que incluye temas como la comunicación, las finanzas, el sexo, la educación de los hijos y la vida cristiana en familia.

Walton, Jeff y Sarah. *Juntos a través de las tormentas.* Este libro devocional ayudará al esposo y a la esposa a navegar juntos las tormentas de la vida. A partir del estudio del libro de Job, Sarah Walton y su esposo Jeff reflexionan sobre sus propias experiencias en un matrimonio que ha enfrentado enfermedades crónicas, las secuelas del abuso, un niño con problemas neurológicos, y dificultades financieras, y nos muestran cómo aferrarnos a Cristo y a nuestro cónyuge.

INTIMIDAD SEXUAL

Cutrer, W. y Glahn, S. *Intimidad sexual en el matrimonio.* Un libro franco acerca de las relaciones íntimas en la pareja. Escrito por un médico ginecólogo cristiano.

Dillow, Linda. *En busca de la pasión.* Un estudio bíblico para mujeres sobre el sexo. Los grupos que ya han completado este estudio desafiante han visto cómo sus matrimonios han cobrado vida, ya sea que hayan estado casadas por cuatro meses o cuarenta años.

MATRIMONIO

Evans, Tony. *El matrimonio sí importa.* Con un estilo ameno, Evans busca en las Escrituras para definir tres aspectos clave del pacto matrimonial: su origen, su orden y su operación. Reina el caos cuando tratamos de hacer las cosas a nuestra manera. Se hace patente la necesidad de conformarnos a las normas bíblicas del matrimonio.

George, Elizabeth. *Una esposa conforme al corazón de Dios.* La autora explica el secreto de la felicidad conyugal y proporciona valiosas ideas en importantes aspectos del matrimonio.

George, Jim. *Un esposo conforme al corazón de Dios.* El autor trata acerca de doce áreas de la vida del esposo, proporcionando aplicaciones prácticas para que un esposo sea conforme al corazón de Dios.

Agradecimientos

ESTOY EN DEUDA con el gran número de parejas que me permitieron entrar en la intimidad de sus vidas y sondear en aras de un mejor entendimiento y mejores formas de relacionarnos. En sesiones privadas y en reuniones en pequeños grupos, muchas parejas han escuchado las ideas aquí expuestas y han dado sugerencias muy prácticas, muchas de las cuales se han integrado a los contenidos de este volumen. Aunque he utilizado sus historias, cambié sus nombres con el objetivo de proteger su privacidad.

Agradezco a Tricia Kube, mi auxiliar administrativa, por su ayuda no solo a la hora de preparar gran parte del manuscrito, sino por llevar a cabo las tareas de la oficina, lo que me dio tiempo para pensar y escribir. Betsey Newenhuyse, de Moody Publishers, merece un gran reconocimiento por examinar minuciosamente el texto original, dejando la mejor parte y solicitándome material nuevo cuando era necesario. Ella realizó un trabajo excelente al mezclar lo original y lo nuevo.

Sería injusto no mencionar a quienes hace tantos años me ayudaron con el texto original, *Toward a Growing Marriage*: Melinda Powell, Ellie Shaw, Karen Dresser, Doris Manuel y mi esposa, Karolyn. Todas trabajaron sin recibir remuneración alguna para ayudar a un joven terapeuta a organizar sus ideas y convertirlas en lo que ha llegado a ser una herramienta útil para miles de parejas. A todas ellas, mi más profundo agradecimiento.

Los equipos editoriales y administrativos de Moody Publishers realizaron un excelente trabajo al dar formato, embalar y producir este libro en inglés. Los considero parte de mi familia.

Lo que me hubiera gustado saber... *¡antes de casarme!*

Consejos para novios, recién casados y los matrimonios que quieren reencontrarse

GARY CHAPMAN

AUTOR DEL ÉXITO DE VENTAS
Los cinco lenguages del amor

El reconocido escritor y consejero matrimonial, Gary Chapman, cree que el divorcio es el resultado de la falta de preparación para el matrimonio y de la incapacidad para aprender a trabajar juntos como compañeros de equipo íntimos. Este libro práctico está lleno de sabiduría y de consejos para poder disfrutar de un matrimonio afectuoso, en el que ambos se apoyan y resultan beneficiados. Es el tipo de información que al mismo Gary le hubiera gustado tener antes de casarse.

EDITORIAL
PORTAVOZ

NUESTRA VISIÓN

Maximizar el efecto de recursos cristianos de calidad que transforman vidas.

NUESTRA MISIÓN

Desarrollar y distribuir productos de calidad —con integridad y excelencia—, desde una perspectiva bíblica y confiable, que animen a las personas a conocer y servir a Jesucristo.

NUESTROS VALORES

Nuestros valores se encuentran fundamentados en la Biblia, fuente de toda verdad para hoy y para siempre. Nosotros ponemos en práctica estas verdades bíblicas como fundamento para las decisiones, normas y productos de nuestra compañía.

Valoramos la excelencia y la calidad.
Valoramos la integridad y la confianza.
Valoramos el mérito y la dignidad de los individuos y las relaciones.
Valoramos el servicio.
Valoramos la administración de los recursos.

Para más información acerca de nuestra editorial y los productos que publicamos visite nuestra página en la red: www.portavoz.com.